EFETIVAÇÃO DOS DIREITOS COM OBJETO DIFUSO

RODRIGO COIMBRA

Doutor e Mestre em Direito. Professor Adjunto de Direito do Trabalho e Direito Processual do Trabalho da Universidade Federal do Rio Grande do Sul – UFRGS. Professor da mesma área na Universidade do Vale do Rio do Sinos – UNISINOS. Advogado. Autor de livros, capítulos de livros e artigos em revistas especializadas.

EFETIVAÇÃO DOS DIREITOS COM OBJETO DIFUSO

EDITORA LTDA.
© Todos os direitos reservados

Rua Jaguaribe, 571
CEP 01224-001
São Paulo, SP – Brasil
Fone: (11) 2167-1101
www.ltr.com.br
Março, 2015

Versão impressa: LTr 5141.7 – ISBN 978-85-361-3149-8
Versão digital: LTr 8644.6 – ISBN 978-85-361-8338-1

Dados Internacionais de Catalogação na Publicação (CIP)
(Câmara Brasileira do Livro, SP, Brasil)

Coimbra, Rodrigo
   Efetivação dos direitos com objeto difuso / Rodrigo Coimbra. — São Paulo : LTr, 2015.

   Bibliografia.

   1. Direitos fundamentais 2. Interesses difusos — Tutela jurisdicional I. Título.

14-09627   CDU-342.7

Índice para catálogo sistemático:

1. Direitos fundamentais : Direito   342.7

Para meus pais, Ana Maria e Paulo (in memoriam), minha esposa, Ana, e meus filhos, Arthur e Henrique, fundamentos da minha existência.

AGRADECIMENTOS

Devo a realização deste trabalho a muitas pessoas, dentre as quais, destacarei algumas e, provavelmente, esquecerei de outras tantas de igual importância.

Agradeço, primeiramente, a Deus.

Faço um agradecimento geral aos meus amigos, alunos e colegas das minhas atividades como professor universitário.

Em especial, registro minha gratidão ao meu orientador da tese de Doutorado, Professor Dr. José Maria da Rosa Tesheiner, exemplo de profissional e de ser humano, com o qual aprendi nesse período de convivência bem mais do que Direito e Processo.

Devo agradecimentos, ainda, a todos os professores do doutorado do Programa de Pós-graduação em Direito da Pontifícia Universidade Católica do Rio Grande do Sul, que muito contribuíram para a minha formação, o que faço na pessoa do Coordenador Professor Dr. Ingo Wolfgang Sarlet.

Sou muito grato também aos queridos colegas de escritório, que acompanharam essa jornada, e aos amigos que leram e fizeram observações sobre o trabalho.

Finalmente, deixo marcada minha gratidão eterna à minha família, especialmente à Ana, minha esposa, pela compreensão e pelo cuidado dos nossos filhos na minha ausência.

Sumário

Prefácio 11

Apresentação 13

Introdução 15

Capítulo 1 — Da tutela de direitos individuais à tutela de direitos transindividuais 19

1.1. Os pilares da tutela de direitos individuais na Modernidade: individualismo, patrimonialismo, voluntarismo e direito subjetivo. A tutela jurisdicional do Estado Liberal: neutra, repressiva, condenatória e ressarcitória em dinheiro... 19

1.2. A tutela jurisdicional de direitos transindividuais no Estado Constitucional: precipuamente diferenciada, inibitória, mandamental e específica 37

Capítulo 2 — Novas bases para compreensão da tutela de direitos com objeto difuso 59

2.1. A gênese do conceito de *"interessi legitiimi"* na doutrina italiana como tentativa de fundamentar *"interessi collettivi e diffusi"*. A transposição desse conceito para o ordenamento jurídico brasileiro. Direitos com objeto difuso 59

2.2. A dupla perspectiva dos direitos fundamentais. Aplicação do Direito objetivo. O exemplo do Direito Coletivo do Trabalho. Direitos e deveres com objeto difuso a partir da perspectiva objetiva dos direitos fundamentais 71

Conclusão 87

Referências Bibliográficas 91

Prefácio

Quem se põe a estudar os processos coletivos, particularmente os que dizem respeito aos interesses difusos, é logo conduzido, pela lei e pela doutrina, a pensá-los como direitos ou interesses juridicamente protegidos de titulares indeterminados, ligados por alguma circunstância de fato.

Transladam-se assim para esse novo tema velhas concepções, especialmente a do direito subjetivo, que ocupou lugar central nas especulações jurídicas do século passado.

Não se pensa em condená-las como velharia imprestável, mas, simplesmente, de observar que concepções construídas a partir e para a proteção de direitos individuais não podem servir de base para uma teoria que se propõe a estudar o fenômeno novo da proteção jurisdicional objetiva de bens, como o patrimônio púbico, a moralidade administrativa, o meio ambiente, o patrimônio histórico e cultural, a ordem econômica e urbanística, assim como de bens de valor artístico, estético, turístico e paisagístico.

É com esse pano de fundo que se desenvolve a tese de RODRIGO COIMBRA, ora apresentada à consideração dos leitores, que propõe seja o tema examinado na perspectiva objetiva dos direitos fundamentais e da aplicação do Direito objetivo, do que decorre a desnecessidade ou mesmo a inconveniência de se pensar na titularidade dos assim chamados direitos difusos.

"Não é o direito que é difuso", afirma o Autor, "mas o seu objeto".

Tem-se, aí, uma perspectiva inovadora, que deverá afastar algumas das perplexidades com que se depara o estudioso, quando se defronta com o traslado, para o âmbito dos chamados direitos difusos, de noções que constituíram os pilares da tutela dos direitos subjetivos individuais.

Assim, o leitor encontrará nesta obra a proposta de um outro modo de ver, entender e explicar os chamados direitos difusos, certamente mais adequada, pois não se deve "colocar vinho novo em odres velhos".

Professor Dr. José Maria Rosa Tesheiner
Professor Titular do PPGD da PUCRS.
Desembargador (aposentado) do TJRS.

Apresentação

Na condição de Coordenador do Programa de Pós-graduação em Direito da PUCRS (Mestrado e Doutorado), é sempre uma alegria poder testemunhar o sucesso de um dos nossos Doutorandos, agora já egresso. A alegria é ainda maior quando sou brindado com o pedido de elaborar o prefácio precisamente da obra que corresponde, com algum ajuste e atualização, ao texto apresentando como tese de Doutorado orientada pelo colega, amigo e professor de tantos, JOSÉ MARIA ROSA TESHEINER, e defendido com brilho perante ilustre banca examinadora.

RODRIGO COIMBRA, que já ostenta um invejável currículo como jovem Doutor e pesquisador, além de sua sólida experiência como docente em diversos níveis do ensino superior, nos agracia com belo e instigante trabalho versando sobre *Efetivação dos Direitos com Objeto Difuso*, revelando que uma boa tese doutoral, que exibe os atributos do ineditismo e da contribuição original, ademais da densidade do texto, não necessariamente há de consumir oceanos de tinta.

Muito embora a quantidade e qualidade da literatura já disponível no Brasil sobre a proteção e promoção, designadamente na esfera da processualística, dos direitos e interesses coletivos e difusos (cientes da controvérsia que grassa em torno de tais categorias), o texto que ora se oferece ao público acadêmico e profissional (das carreiras jurídicas), além de guardar a necessária aderência com a linha de pesquisa (instrumentalidade e efetividade do processo) e área de concentração (teoria da jurisdição e processo) do PPGD da PUCRS, dialoga, como há de ser, com a contemporânea dogmática dos direitos fundamentais, propiciando, mediante a consideração dos vetores da assim chamada dimensão objetiva dos direitos fundamentais, uma releitura vigorosa do próprio objeto e da concepção dos direitos e deveres difusos, que se bem compreendida e evidentemente submetida ao necessário contraditório, poderá contribuir para uma proteção mais efetiva dos direitos fundamentais.

Além disso, basta uma leitura transversal e um olhar sobre a bibliografia, para que se perceba o quanto se cuida de uma pesquisa séria, bem documentada e criteriosa, seja quanto à escolha, seja quanto ao aproveitamento das fontes consultadas. O texto, vertido em linguagem elegante e fluida, transforma a leitura numa aventura saborosa e que apenas poderá estimular ainda mais o apetite dos interessados pela temática.

Por tudo isso e nos mantendo fiéis ao propósito de não transformar um prefácio em longo texto introdutório, esperamos que RODRIGO COIMBRA e seu novo livro encontrem a merecida receptividade.

Professor Dr. Ingo Wolfgang Sarlet
Professor Titular e Coordenador do PPGD
da PUCRS. Juiz de Direito do TJRS.

Introdução

A obra tem como tema os direitos e os deveres com objeto difuso. Na sua delimitação, trata dos direitos e deveres com objeto a partir da perspectiva objetiva dos direitos fundamentais.

A pesquisa se justifica em face da importância dos direitos e deveres com objeto difuso na sociedade atual e propõe um método que prescinde da noção de direito subjetivo para a sua concretização, a fim de dar mais efetividade a essa classe de direitos.

O problema precípuo objeto da investigação é: para a adequada tutela dos direitos e deveres com objeto difuso, precisa-se lançar mão da noção de direito subjetivo e de todo arcabouço jurídico individualista, ligado à perspectiva subjetiva dos direitos fundamentais?

As hipóteses levantadas para o aprofundamento da pesquisa são: a) para a adequada tutela dos direitos e deveres com objeto difuso, precisa-se lançar mão da noção de direito subjetivo e de todo arcabouço jurídico individualista, ligado à perspectiva subjetiva dos direitos fundamentais; b) não se deve aplicar aos direitos e deveres com objeto difuso o mesmo arcabouço jurídico dos direitos individuais, propondo-se que o ponto de partida para um novo pensar do fenômeno seja a perspectiva objetiva dos direitos fundamentais, com uma série de consequências importantes daí resultantes.

Dentre os objetivos da presente pesquisa estão: estabelecer as diferenças entre a tutela de direitos individuais e a tutela de direitos transindividuais; propor novas bases para o problema da efetividade dos direitos e deveres com objeto difuso, a partir da pespectiva objetiva dos direitos fundamentais e da aplicação do Direito objetivo, entre as quais diversas consequências importantes na tutela de direitos e deveres com objeto difuso tais como: a necessidade de especificação ou não dos sujeitos dos direitos com objeto difuso para justificar a ação coletiva proposta pelos legitimados; a relevância ou não de vontade dos titulares dos direitos e deveres com objeto difuso para justificar a tutela jurisdicional buscada pelos legitimados; a faculdade ou obrigatoriedade dos legitimados exercerem a tutela jurisdicional dos direitos e deveres com objeto difuso.

Como método científico de abordagem do assunto, é utilizado o método dedutivo, partindo de princípios gerais para chegar a conclusões particulares. A abordagem da pesquisa se dá pelo modelo qualitativo, na medida em que se buscará o entendimento do fenômeno em seu próprio contexto. O método de procedimento é o comparativo, e as técnicas de pesquisa são a bibliográfica e a jurisprudencial.

Algumas opções e delimitações deste trabalho devem ser apontadas.

Opta-se, metodologicamente, por trabalhar os direitos com objeto difuso sob a perspectiva objetiva dos direitos fundamentais e a partir da aplicação do Direito objetivo, por se entender que essa é a forma mais adequada de pensar o fenômeno. Essa perspectiva não desconsidera que as pessoas são o fim último do Direito, pelo contrário, apresenta-se um método que não precisa lançar mão da noção de direito subjetivo, a fim de dar mais efetividade a essa classe de direitos.

Os direitos individuais (homogêneos ou não) não são objeto do presente trabalho. Em alguns momentos, utiliza-se dos direitos individuais apenas para fins de comparação e diferenciação em relação aos direitos transindividuais.

O trabalho está estruturado em duas partes (dois capítulos), sendo que cada uma delas também está subdividida em duas partes.

O primeiro capítulo percorre o caminho da tutela de direitos individuais à tutela de direitos transindividuais.

Na primeira subdivisão do primeiro capítulo, estabelecem-se inicialmente os pilares da tutela de direitos individuais na Modernidade: individualismo, patrimonialismo, voluntarismo e direito subjetivo. Esse escorço histórico visa a demonstrar que o arraigamento histórico e cultural dos direitos individuais está ligado, substancialmente, ao individualismo, ao voluntarismo, ao patrimonialismo e à concepção de direito subjetivo da época, salientando que, embora as teorias clássicas de direitos subjetivos sejam diferentes, e tais diferenças sejam importantes, todas foram pensadas tendo em vista apenas a tutela de direitos aos indivíduos (no máximo, pessoas jurídicas). Existem inúmeras teorias sobre o direito subjetivo e, no presente trabalho, opta-se pelo estudo da chamada pré-história do direito subjetivo (Ockam) e das teorias clássicas de Windscheid, Jhering e Jellinek, além de mais duas que se elegeram como relevantes para os caminhos perseguidos, as de Kelsen e de Pontes de Miranda.

Num segundo momento, se aponta as principais características da tutela jurisdicional no Estado liberal: neutra, repressiva, condenatória e ressarcitória. Segundo a ideia do direito liberal, imaginava-se que, para garantir a liberdade dos cidadãos, o juiz deveria interferir o mínimo possível na esfera dos particulares. Assim, a jurisdição do Estado liberal foi idealizada apenas para indivíduos (no máximo, para pessoas jurídicas, conforme construção jurídica construída ao longo do tempo), tendo por finalidade precípua a tutela dos direitos subjetivos violados (repressão de ilícitos) na forma pecuniária (tutela ressarcitória em dinheiro), por meio da sentença condenatória.

A segunda subdivisão do primeiro capítulo pretende, em uma linha comparativa com os anteriores, fixar as principais características da tutela jurisdicional dos direitos transindividuais: precipuamente diferenciada, inibitória, mandamental e específica. Cuida-se de analisar a tutela jurisdicional dos direitos transindividuais, traçando, sempre que possível, a comparação com a tutela jurisdicional de direitos individuais concebida no Estado liberal, visando a melhor ilustrar as diferenças e as necessidades que a tutela jurisdicional de direitos transindividuais impõe na atualidade.

O segundo capítulo procura estabelecer novas bases para a compreensão do problema dos direitos e deveres com objeto difuso.

A primeira subdivisão do segundo capítulo aborda a gênese do conceito de *"interessi legitimi"* na doutrina italiana como tentativa de fundamentar *"interessi colletivi e diffusi"*, bem como a transposição desse conceito para o ordenamento jurídico brasileiro e sua inadequação. Além disso, trata-se da noção de direitos com objetos difusos. O direito italiano consubstanciou o conceito de *"interessi legitimi"* em seu ordenamento, concedendo-lhe tamanha importância a ponto de, juntamente com o direito subjetivo, constituir critério para julgamento perante a jurisdição italiana. Os interesses legítimos são julgados pela Justiça Administrativa, diversamente dos direitos subjetivos, que o são pela Justiça Ordinária. Ocorre que o Brasil importou esse conceito, o qual não se justifica no ordenamento jurídico brasileiro, que não trabalha com a mesma dualidade de conceitos, nem com a consequente dualidade de jurisdição, como no sistema italiano. Outrossim, a expressão *direitos com objeto difuso* é a mais adequada para tratar do fenômeno.

A segunda e derradeira subdivisão do segundo capítulo cuida da necessidade de compreender o fenômeno dos direitos difusos a partir da perspectiva objetiva dos direitos e dos deveres fundamentais e da aplicação do Direito objetivo. Nesse momento do trabalho, utiliza-se do exemplo do direito e do processo coletivo do trabalho. Aqui se trabalha a ideia de que os direitos e os deveres com objeto difuso precisam ser estudados a partir da Constituição e dos direitos e dos deveres fundamentais, que, por sua vez, possuem íntima relação com a perspectiva objetiva, a partir da qual os direitos com objeto difuso devem ser pensados.

Este trabalho, norteado pela necessidade de maior efetividade na tutela dos direitos difusos, pretende lançar novas bases para a compreensão e aplicação dos direitos e dos deveres com objeto difuso.

Capítulo 1
Da Tutela de Direitos Individuais à Tutela de Direitos Transindividuais

1.1. Os pilares da tutela de direitos individuais na Modernidade: individualismo, patrimonialismo, voluntarismo e direito subjetivo. A tutela jurisdicional do Estado liberal: neutra, repressiva, condenatória e ressarcitória em dinheiro

A tutela de direitos individuais, no contexto econômico e social da denominada idade moderna, é constituída, notadamente, pelos seguintes pilares: individualismo, patrimonialismo, voluntarismo e direito subjetivo. Vive-se, nessa época, sob a égide do modelo de Estado liberal clássico e tais pilares se entrelaçam e complementam-se, formando um conjunto de características que reflete as relações jurídicas da época.

A consagração do individualismo se dá com a Revolução Francesa (1789), que marca[1] o ingresso na era moderna rumo ao desiderato de pôr fim ao modelo de Estado Absolutista, que não reconhece direitos aos indivíduos.[2] É uma ruptura epistemológica importante para aquele momento histórico e para a evolução da sociedade e do Direito.

Toda a sociedade passa a ser convocada a espelhar-se na tábua de valores e anseios da burguesia, representados, substancialmente, pelo liberalismo econômico, tendo a propriedade territorial como valor principal e a liberdade contratual como instituto auxiliar para facilitar as transferências e a criação de riqueza. É nesse contexto que o individualismo é visto como um valor a ser prestigiado, como reação ao período estamental que caracteriza a época medieval, em que o valor do indivíduo está ligado não às suas características e aos méritos pessoais, mas ao estamento (classe) social no qual se encontra integrado, como explica Facchini.[3]

Conforme Irti[4], nessa época, "o valor originário e fundamental é constituído pelo indivíduo, por sua capacidade individual, por sua liberdade de escolher suas próprias metas, seus objetivos, assumindo sozinho o risco do sucesso e do fracasso". Em torno do indivíduo, são construídas todas as relações sociais.

---

(1) Opta-se, neste trabalho, pelo emprego do presente histórico, ainda que se trate de fatos ocorridos no passado.

(2) JELLINEK, Georg. *La dottrina generale del diritto dello Stato*. Traduzione italiana sulla terza edizione tedesca. Milano: Giuffrè, 1949. p. 23.

(3) FACCHINI NETO, Eugênio. Reflexões histórico-evolutivas sobre a constitucionalização do direito privado. In: SARLET, Ingo Wolfgang (Org.). *Constituição, Direitos Fundamentais e Direito Privado*. 2. ed. Porto Alegre: Livraria do Advogado, 2006. p. 20.

(4) IRTI, Natalino. *L'età della decodificazioni*. 4. ed. Milano: Giuffrè, 1999. p. 21.

No âmbito econômico e político, vive-se o liberalismo (modelo de Estado Liberal), caracterizado pela pouca intervenção do Estado, que propicia a livre movimentação no espaço (econômico) privado (liberdade dos modernos). Esse é o contexto adequado para a eclosão do individualismo, refletido no mundo jurídico com o aprimoramento, pela pandectística, das figuras do sujeito de direito (como sujeito abstrato) e do direito subjetivo.

Os códigos civis desse período, com destaque para o Código Civil Francês de 1804, conhecido por *Code Napoleón*, caracterizam-se por estarem centrados na propriedade, com ênfase na propriedade imobiliária, com caráter absoluto e individualista, no voluntarismo jurídico, na liberdade e na autonomia contratual, na igualdade meramente formal.[5]

Dito de outro modo: em resposta aos períodos históricos anteriores, visando à diminuição da insegurança[6] e das discriminações pessoais daquele tempo, o Direito do Estado Liberal (estatal e burguês), como resposta da modernidade, consagra a igualdade (formal) de todos os indivíduos perante a lei. Todavia, tal igualdade formal está calcada na ideia abstrata de pessoa (como sujeito de direito), desprezando as reais desigualdades econômicas e sociais (sistema neutro), revelando nítida prevalência de valores relativos à apropriação de bens ("ter" — patrimonialismo) e provocando uma "desumanização do jurídico", cujas sequelas estão presentes até hoje.[7]

Esse sistema, surgido das mentes dos filósofos ou dos jusfilósofos, codificado pelo *Code Napoléon*[8], ilude-se em construir o edifício destinado a transportar do plano filosófico-jusnaturalista ao plano jurídico positivo a ideia do indivíduo-sujeito de direito e aquela do "poder da vontade" do indivíduo como único motor do Direito Privado, conforme adverte Michele Giorgianni.[9]

No centro desse sistema, cujas origens ideológicas remontam ao movimento renascentista, está o "sujeito" de direito, subvertendo-se, assim, a origem etimológica de tal

---

(5) FACCHINI NETO, Eugênio. Reflexões histórico-evolutivas sobre a constitucionalização do direito privado. *In:* SARLET, Ingo Wolfgang (Org.). *Constituição, Direitos Fundamentais e Direito Privado.* 2. ed. Porto Alegre: Livraria do Advogado, 2006. p. 22. Facchini esclarece que a ideologia jurídica que predomina nos códigos civis desse período é "a ideologia dos 3 c s", pretendendo que a legislação civil seja completa (sem lacunas), clara (sem significados ambíguos ou polissêmicos) e coerente (afastando a impossibilidade de antinomias). Conclui, o autor, que tudo isso deriva do "mito do legislador iluminista, inteligente, onisciente, previdente, capaz de tudo regular detalhadamente, antecipadamente, de forma clara e sem contradições" (p. 22-23). Explica Fachin que "a igualdade passa a ser vista como um conceito e, sendo assim, era uma categoria distanciada da realidade" (FACHIN, Luiz Edson. *Teoria crítica do direito civil.* Rio de Janeiro: Renovar, 2000. p. 285).

(6) "O sentido de segurança surgiu das estruturas profundas da sociedade. A exigência de estabilidade ou de previsibilidade quanto aos comportamentos individuais passou a ser o pressuposto intrínseco das relações jurídicas na medida em que a burguesia francesa, vitoriosa da Grande Revolução, precisava reconhecer-se". O "mundo da segurança" é, portanto, o "mundo dos códigos", que se consubstanciam, em ordenada sequência de artigos, os valores do liberalismo do século XIX, conforme IRTI, Natalino. *L'età della decodificazioni.* 4. ed. Milano: Giuffrè, 1999. p. 23.

(7) TEPEDINO, Gustavo. A tutela da personalidade no ordenamento civil-constitucional brasileiro. *In:* TEPEDINO, Gustavo (Org.). *Temas de direito civil.* 3. ed. Rio de Janeiro: Renovar, 2004. p. 25; DE CUPIS, Adriano. *Os direitos da personalidade.* Lisboa: Morais, 1961. p. 25.

(8) Também o grande Código Civil da França nasceu da crença jusracionalista na lei, esclarece WIEACKER, Franz. *História do direito privado moderno.* 2. ed. Lisboa: Fundação Calouste Gulbenkian, 1993. p. 386.

(9) GIORGIANNI, Michele. O direito privado e as suas atuais fronteiras. *Revista dos Tribunais,* São Paulo, Revista dos Tribunais, n. 747, p. 39, jan. 1998.

termo, relacionada, ao contrário, a um estado de sujeição (*subiectum*). E os dois pilares desse sistema são constituídos pela propriedade e pelo contrato, ambos entendidos como esferas sobre as quais se exerce a plena autonomia do indivíduo. Deles, sobretudo, a propriedade individual constitui o verdadeiro eixo do sistema do Direito Privado (patrimonialismo), tanto que o contrato, na sistemática dos códigos oitocentistas, é regulamentado, essencialmente, como "modo de aquisição de propriedade".[10]

Nesse sentido, Gentili[11] aduz que, para o enredo com a liberdade e a garantia de independência do indivíduo, a propriedade demonstra a importância de uma esfera do domínio individual e, para tanto, o direito subjetivo é política e logicamente indispensável.

As normas estatais protetoras do indivíduo buscam tão somente seu espaço de liberdade econômica, protegendo o cidadão contra o próprio Estado. As limitações aos direitos subjetivos, quando existentes, são apenas aquelas necessárias para permitir a convivência social. Nítida, aqui, a inspiração kantiana: a liberdade irrestrita só encontra limitações na idêntica liberdade do semelhante, conforme esclarece Facchini.[12] Nesse contexto de "reino da liberdade", a lei é o instrumento escolhido para restringir a liberdade individual.[13]

O excessivo "individualismo" do Direito Privado tem como reflexo — muito importante para compreender o significado do Direito Privado de então — uma qualificação acentuadamente subjetivista, visando à "l'edificazione giuridica della persona".[14]

Nesse contexto, a função do Direito Privado não é aquela de disciplinar algumas atividades da vida econômica e familiar da sociedade, mas a vida dos indivíduos (ou dos *particuliers*) no seio da sociedade, protegendo a atividade do indivíduo perante o príncipe.[15] O Direito Privado é verdadeiramente — como evidenciado na célebre definição savigniana[16] — a esfera de ação do indivíduo.

Nesse cenário, o direito subjetivo, que passa a ser, na época do modelo de Estado Liberal, uma das mais altas expressões da autonomia dos sujeitos, com um casamento perfeito com o individualismo, é uma fundamental categoria jurídica para a construção

---

(10) GIORGIANNI, Michele. O direito privado e as suas atuais fronteiras. *Revista dos Tribunais*, São Paulo, Revista dos Tribunais, n. 747, p. 38-39, jan. 1998.

(11) GENTILI, Aurelio. A propósito de "Il diritto soggetivo". *Rivista di Diritto Civile*, Padova, CEDAM, v. 50, n. 3. p. 351-373, em especial, p. 352, maio/jun. 2004.

(12) FACCHINI NETO, Eugênio. Reflexões histórico-evolutivas sobre a constitucionalização do direito privado. *In:* SARLET, Ingo Wolfgang (Org.). *Constituição, Direitos Fundamentais e Direito Privado.* 2. ed. Porto Alegre: Livraria do Advogado, 2006. p. 22.

(13) MORAES, Maria Celina Bodin de. Constituição e Direito Civil: Tendências. *Direito, Estado e Sociedade*, n. 15, p. 95-113, em especial, p. 104, ago./dez. 1999.

(14) GENTILI, Aurelio. A propósito de "Il diritto soggetivo". *Rivista di Diritto Civile*, Padova, CEDAM, v. 50, n. 3. p. 351-373, em especial, p. 352, maio/jun. 2004.

(15) GIORGIANNI, Michele. O direito privado e as suas atuais fronteiras. *Revista dos Tribunais*, São Paulo, Revista dos Tribunais, n. 747, p. 42, jan. 1998.

(16) SAVIGNY, M. F. C. de. *Sistema de derecho romano actual.* 2. ed. Madrid: Centro Editorial de Góngora. [s.d.], v. 1. p. 74.

e a sedimentação tanto do direito privado como do direito processual[17], com raízes importantes na Idade Média.

Segundo Villey,[18] "a pré-história da ideia de direito subjetivo" surge com Ockam[19] (1285-1347), provavelmente, o primeiro a edificar teoria sobre o direito subjetivo, por ocasião da querela que surge entre a congregação dos franciscanos e o papado na Idade Média. Os franciscanos têm como regra o voto de pobreza, porém, como sua ordem religiosa se estende rapidamente e muitos de seus seguidores são possuidores de bens importantes, o Papa João XXII teme que essa ordem religiosa fique sem os bens de seus seguidores. Diante disso, o Papa João XXII, baseado na opinião de ilustres especialistas em direito canônico e romano da época, habilmente, cria uma solução para o conflito: as propriedades dos franciscanos permanecem à disposição da congregação (usufruto — *ius utendi* e *ius fruendi*), mas o domínio de tais bens pertence à Santa Sé. Então, o monge franciscano Ockam intervém na discussão a favor dos franciscanos, sustentando que o direito (*ius*) não é o bem de que desfrutamos, mas o poder que se tem sobre esse bem.[20]

É a primeira separação da expressão direito, segundo Villey[21], pois, até então, tem-se presente o significado original e unívoco de *"ius"* formulado pelos jurisconsultos romanos Ulpiano e Paulo, que, em comum, concebem o direito como a arte do justo e do bom, tomando-se por base a natureza das coisas.[22] Em outras palavras, a palavra *"ius"* está conectada à *"iustitia"*, que indica conformidade com o direito, tanto no sentido

---

(17) COIMBRA, Rodrigo; DRESCH, Rafael. Reflexões sobre a noção de direito subjetivo frente à tutela dos direitos individuais e transindividuais. *Revista da AJURIS*, Porto Alegre, n. 132, p. 277-305, dez. 2013.

(18) VILLEY, Michel. *A formação do pensamento jurídico moderno*. Tradução Claudia Berliner. São Paulo: Martins Fontes, 2005. p. 261-288.

(19) Ockam, também grafado Ockham, é considerado nominalista, juntamente com Duns Scotus (1266-1308), entre outros. A corrente nominalista, em síntese, "opõe-se aos realistas na questão dos universais. Para o nominalismo, os universais (os *termos universais*, aquilo que a gramática normativa designava por substantivos comuns e alguns casos são abstratos) são conceitos, mas não têm uma existência real. São de uma existência nominal, como instrumentos do pensamento" (LOPES, José Reinaldo de Lima. *O Direito na história*. São Paulo: Max Limonad, 2000. p. 165).

(20) Marchettoni, criticando Villey, diz que não é correto sustentar que Ockam foi individualista no seu pensamento político e muito menos em relação a sua teoria de direito subjetivo. O autor sustenta, em síntese, que a teoria ockaniana do direito não é individualista, mas comunitária, visto que, para Ockam, a ênfase na liberdade individual nunca é separada do sentido de comunidade (MARCHETTONI, Leonardo. Ockham e L'origine dei diritti soggettivvi. In: *Quaderni Fiorentini: per la storia del pensiero giuridico moderno*. Milano: Guiffrè, n. 37, p. 21-66, em especial, p. 64, jan. 2008); Lopes diz que Ockam é individualista, no entanto, ele se refere a comunidades, esclarecendo que toda sua metafísica e seu universo jurídico são dos indivíduos e coisas singulares (LOPES, José Reinaldo de Lima. *O Direito na história*. São Paulo: Max Limonad, 2000. p. 172).

(21) VILLEY, Michel. *A formação do pensamento jurídico moderno*. Trad. Claudia Berliner. São Paulo: Martins Fontes, 2005. p. 266; *"Forse, così, è anticipata la teoria moderna della soggetivazione del diritto oggetivo"*, conforme SFORZA, Widar Cesarini. Diritto soggettivo. In: *Enciclopedia del diritto*, Milano, Guiffrè, v. XII. p. 672, 1964.

(22) Para Ulpiano *"ius"* significa: "[...] *ut eleganter Celsus definit, ius est ars boni et aequm*". E para Paulo: "[...] *quod semper aequum ac bonum est, ius dicitur, ut est ius naturale*". Essas definições contêm em comum o *"iustum et aequm"*. "Di *ius* si era consolidato il significato oggetivo, sicché equivaleva a *iussum* ed era quase sinônimo di *lex*, ma tavolta, se riferito a una persona privata, esprimera il *suum* di questa". [...] "A *ius* si connete *iustitia*, parola indicante talora la conformità al *ius* in senso tanto oggettivo che sogettivo", conforme SFORZA, Widar Cesarini. Diritto soggettivo. In: *Enciclopedia del diritto*, Milano, Guiffrè, v. XII, p. 670, 1964.

objetivo como no subjetivo.[23] Nesse ponto, Marchettoni[24] concorda com Villey, no sentido de que, no direito romano, a noção de direito subjetivo é ignorada.

A partir dessa concepção, o direito deixa de ser um "bem", para se tornar o "poder que se tem sobre os bens", ou o "poder de impô-lo à observância dos demais". Villey[25] considera isso uma autêntica revolução copernicana verificada na ciência jurídica. Nesse sentido, são esclarecedoras as passagens abaixo proferidas por Ovídio Baptista:[26]

> [...] Subjetiva-se, portanto, o conceito, ao mesmo tempo em que se elimina dele qualquer relação com a moral, posto que, agora, a questão do merecimento *formaliza-se*, passando a decorrer necessariamente da lei, enquanto norma estatal. [...] Vê-se da concepção do padre franciscano como a *relação entre sujeito e o respectivo bem* que lhe é atribuído pela norma deixa de ter relevância conceitual, para priorizar-se o *poder* de impor aos demais a observância do próprio direito, ou, como ele diz "o poder de apropriar-se" dos bens que lhe sejam concedidos. [...]
>
> [...] São perfeitamente visíveis, na filosofia do monge franciscano do século XIV, as raízes do voluntarismo, que depois dominou a filosofia do século XVII [...]. (Grifos do autor)

A ideia de direito associada a poder, e não ao justo, surgida no século XIV, com Ockam, tem importantes reflexos nas doutrinas jurídicas posteriores, principalmente, a partir do movimento pandectista alemão do século XIX, que tem por preocupação doutrinal o estudo do desenvolvimento do direito subjetivo.[27]

Assim, a noção de direito subjetivo tem assentamento no jusnaturalismo em atenção à consideração do Direito em função do indivíduo. A experiência cultural do Renascimento produz um pensamento filosófico de caráter individualista que valoriza a liberdade humana. Trata-se de uma exigência do jusnaturalismo, a fim de garantir as prerrogativas fundamentais do homem em confronto com os poderes do soberano. Nesse contexto, o direito subjetivo ganha o centro do sistema jurídico como expressão da livre personalidade humana e sua personalidade em face da vontade do soberano.[28]

---

(23) "A *ius* si connete *iustitia*, parola indicante talora la conformità al *ius* in senso tanto oggettivo che sogettivo", conforme SFORZA, Widar Cesarini. Diritto soggettivo. In: *Enciclopedia del diritto*, Milano, Guiffrè, v. XII, p. 670, 1964.

(24) MARCHETTONI, Leonardo. Ockham e L'origine dei diritti soggettivvi. In: *Quaderni Fiorentini: per la storia del pensiero giuridico moderno*, Milano, Guiffrè, n. 37, p. 21-66, em especial, p. 21-22, jan. 2008.

(25) VILLEY, Michel. *A formação do pensamento jurídico moderno*. Trad. Claudia Berliner. São Paulo: Martins Fontes, 2005. p. 266.

(26) BAPTISTA DA SILVA, Ovídio Araújo. *Jurisdição e execução na tradição romano-canônica*. 3. ed. Rio de Janeiro: Forense, 2007. p. 120-121.

(27) RIBEIRO, Darci Guimarães. *La pretensión procesal y la tutela judicial efectiva:* hacia una Teoría Procesal del Derecho. Barcelona: Bosch, 2004. p. 39.

(28) GAVIÃO FILHO, Anizio Pires. A atualidade da teoria de Georg Jellinek como estrutura para o sistema de posições jurídicas fundamentais. *Revista da Faculdade de Direito da Fundação Escola Superior do Ministério Público – RS*, Porto Alegre, FMP, n. 1, p. 34-72, em especial, p. 42, 2007.

Nesse quadro, Savigny[29], na linha voluntarista da sua época (1779-1861), diz:

> Si contemplamos los hechos jurídicos que en la vida real nos rodean y dominan, nos aparece en primer lugar el poder correspondiente a la persona particular: una esfera en la cual su voluntad reina con nuestro consentimento. Denominamos este poder un *derecho de esta persona, en el sentido de faculdade*. Algunos lo llaman derecho en sentido subjetivo.

Esse trecho da obra de Savigny evidencia noções importantes sobre a sua concepção de direito subjetivo: a) o direito subjetivo é um poder; b) o direito subjetivo é um poder do indivíduo; c) o direito subjetivo é um poder da vontade do indivíduo. Essa concepção é seguida e consagrada por Windscheid, conforme será tratado a seguir.

Esclarece Wieacker[30] que a definição de Savigny de direito subjetivo está fundamentada no conceito kantiano[31] do Direito como espaço da liberdade que possa coexistir com a liberdade dos outros e na autonomia daí decorrente: a existência autônoma do Direito, que não deve forçar a eticidade autônoma da pessoa, mas, antes, deve possibilitá-la.

A definição de Savigny demonstra, com rara clareza, a histórica vinculação do direito subjetivo ao individualismo e ao voluntarismo (vontade individual), características fundamentais para a problematização levantada no presente trabalho.

Bodin de Moraes[32] diz que a imponente elaboração de Savigny se dá, fundamentalmente, pelo conceito de "direito subjetivo *individual*" (grifou-se), isto é: "do atribuir-se à vontade individual um domínio dentro do qual ela reina independentemente de qualquer vontade estranha". Segundo essa concepção, prossegue a autora[33], "os direitos subjetivos delimitavam os amplos domínios reservados à autonomia privada, garantindo assim a liberdade individual por meio de autorizações subjetivas, provenientes, exclusivamente, do próprio poder da vontade do indivíduo".

Destaca Ovídio Baptista[34] que o direito subjetivo, nessa época, "deve ser entendido como poder da vontade *exercido contra alguém individualmente*, já que seria impensável a

---

(29) SAVIGNY; KIRCHMANN; ZITELMANN; KANTOROWICZ. *La ciencia del Derecho*. Buenos Aires: Losada, 1949. p. 29. Nessa mesma linha, Savigny já havia escrito em outra obra: "Considerado en la vida real, abrazando y penetrando por todos lados nuestros ser, nos aparece como un poder del individuo. En los límites de este poder, reina la voluntad del individuo, y reina con el consentimiento de todos. A tal poder ó facultad lo llamamos nosotros 'derecho', y algunos derecho en su sentido subjetivo". (SAVIGNY, M. F. C. de. *Sistema de derecho romano actual*. 2. ed. Madrid: Centro Editorial de Góngora. *[s.d.]*, v. 1. p. 5)

(30) WIEACKER, Franz. *História do direito privado moderno*. 2. ed. Lisboa: Fundação Calouste Gulbenkian, 1993. p. 440 e 453.

(31) Para Kant (1724-1804), "o direito estrito se apoia no princípio de lhe ser possível usar constrangimento externo capaz de coexistir com a liberdade de todos de acordo com as leis universais". [...] "Direito e competência de empregar coerção, portanto, significam uma e única coisa" (KANT, Immanuel. *A metafísica dos costumes*. São Paulo: EDIPRO, 2003. p. 78).

(32) MORAES, Maria Celina Bodin de. Constituição e Direito Civil: Tendências. *Direito, Estado e Sociedade*, n. 15, p. 95-113, em especial, p. 103, ago./dez. 1999.

(33) Idem.

(34) BAPTISTA DA SILVA, Ovídio Araújo. *Jurisdição e execução na tradição romano-canônica*. 3. ed. Rio de Janeiro: Forense, 2007. p. 120-121.

existência de um direito subjetivo, assim definido, pressupondo a supremacia de vontade do respectivo titular, exercido contra a comunidade jurídica inteira".

Windscheid (1817-1892), maior representante da teoria voluntarista[35] e da escola rigorosamente conceitual e sistemática da pandectística alemã[36], define o direito em sentido subjetivo (direito subjetivo) como faculdade, que se manifesta em duplo sentido, como se constata a seguir:

a) o ordenamento jurídico (direito em sentido objetivo — Direito objetivo[37]) estabelece certas condutas (ação ou omissão) e deixa à livre disposição (autonomia da vontade) de aquele em cujo benefício foi emitido o preceito (titular do direito) fazer valer ou não (faculdade) o Direito objetivo preceituado. A vontade do titular do direito é decisória para a efetividade do mandado emitido pelo ordenamento jurídico. O ordenamento jurídico desprende-se do mandado por ele emitido em favor do titular, transformando seu próprio mandado em mandado do titular do direito. O "direito" (objetivo) transforma-se em "seu direito" (subjetivo).[38] É o que se passa a classificar como direitos subjetivos a uma prestação ou direitos subjetivos prestacionais;

b) o ordenamento jurídico atribui ao facultado a autonomia da vontade (vontade decisória) não para a realização, mas para a formação (existência) de direitos estabelecidos pelo próprio Direito objetivo.[39] Trata-se, segundo o autor, de outro

---

(35) Para Windscheid, "a tarefa do direito privado é traçar os limites dos campos de vontade dos indivíduos que vivem em comum, de definir em que medida a vontade de cada indivíduo deve ser decisiva para os indivíduos com os quais se enfrenta. Esta finalidade o ordenamento jurídico privado alcança por meio de proposições jurídicas imperativas e proibitivas" (tradução livre de WINDSCHEID, Bernard. *Diritto dele pandette*. Prima Traduzione Italiana. Volume Primo. Parte Prima. Torino: Unione Tipografico – Editrice Torinese, 1902. p. 80).

(36) Da pandectista resultou uma suma do direito privado (como antes nos grandes comentários do jurista Ulpiano ou da *Glossa Ordinária*), cuja fama geral levou até os países mais distantes a influência e a vigência da pandectista. Na Alemanha, a obra de Windscheid levou ao seu chamamento à primeira comissão para o Código Civil (BGB), em que teve uma influência dominante, conforme WIEACKER, Franz. *História do direito privado moderno*. 2. ed. Lisboa: Fundação Calouste Gulbenkian, 1993. p. 510.

(37) Opta-se, neste trabalho, pelo emprego das expressões "Direito objetivo" e "Direito subjetivo". Todavia, nas transcrições de autores serão observadas as terminologias por eles utilizadas.

(38) *"Diritto ad un determinato comportamento, fato odo missione, dele persone, che si trovano di fronte al titolare, o di una singola persona. L'ordine giuridico (il diritto in senso oggetivo, il diritto oggetivo), in base ad un fato concreto, há emesso un precetto di tenere un determinato comportamento, e posto questo precetto a libera disposizione di colui, a cui favore esso há emanato. Esso rimette in lui di valersi o no del precetto, ed in particolare di porre o non in opera i mezzi garantitigli dall'ordine giuridico. Questo si è spogliato a favore di quello del precetto di lui. Il diritto è divenutto il diritto di lui."* (WINDSCHEID, Bernard. *Diritto dele pandette*. Prima Traduzione Italiana. Volume Primo. Parte Prima. Torino: Unione Tipografico — Editrice Torinese, 1902. p. 169-170.)

(39) *"La parolla 'diritto' non ha questo senso, quando p. es. si disse, che il proprietario há il diritto d' alienar ela cosa sua, che il creditore há il diritto di cederei l suo credito, che ad un contraente compete il diritto d' alienar ela cosa sua, che il creditore ha il diritto di cederei l suo credito che ad un contraente compete il diritto di recesso o quello di disdetta ecc. In queste e simili manieri di esprimersi, colla parola diritto s'intende, che la volontá del titolare è decisiva per la nascita di diritti dela especie prima considerata, o per l'estinzione o modificazione de' già nati. Al titolare si attribuisce una volontà decisiva, non già per l'attuazione, ma per l'existenza di precetti dell'ordine giuridico."* (WINDSCHEID, Bernard. *Diritto dele pandette*. Prima Traduzione Italiana. Volume Primo. Parte Prima. Torino: Unione Tipografico – Editrice Torinese, 1902. p. 170.)

significado da palavra direito (subjetivo). É o que se passa a classificar como direitos subjetivos potestativos ou formativos.[40]

Conclui Windscheid[41] que ambas as espécies de direito subjetivo compreendem a sua famosa definição, que consagra a chamada teoria da vontade: o direito (subjetivo) é um poder de vontade reconhecido pela ordem jurídica. Nas edições posteriores da sua obra, em resposta a objeções que sofre, notadamente de Jhering, Windscheid[42] esclarece que a "vontade" é do ordenamento jurídico, não do titular do direito.

Jhering (1818-1892)[43], mediante ampla argumentação contestando a "teoria da vontade" do contemporâneo Windscheid, sustenta que o direito (subjetivo) não é o adorno, o objeto da vontade, mas sua condição: "os direitos não são o fim da vontade, ainda que lhe sirvam de meio". Se a vontade fosse o objeto do direito, como teriam direito as pessoas sem vontade, como os incapazes, questiona o autor, sustentando que os direitos não existem para realizar a ideia da vontade jurídica abstrata, mas para garantir os interesses da vida, ajudar a satisfazer as suas necessidades e realizar seus fins. Para o autor, a utilidade (não a vontade) é a substância do direito (elemento substancial) que deve ser somada ao meio para esse fim, que é a proteção do Direito objetivo por meio da possibilidade de ajuizamento de ação judicial em caso de violação do direito (elemento formal). A partir daí, Jhering expõe seu conceito clássico de direito subjetivo, consagrando a chamada teoria do interesse: "os direitos são interesses juridicamente protegidos".

---

(40) Por volta de 1896, Zitelmann, havia, pela primeira vez na doutrina, mencionado uma categoria especial de direitos, que denominou de direitos potestativos. Segundo Zitelmann, na teoria geral, os direitos subjetivos se classificariam em duas categorias fundamentais: os direitos aos quais corresponde uma prestação, que se exercem e cumprem-se mediante uma prestação da outra parte; e direitos que se exercitam independentemente de qualquer prestação da parte contrária, do sujeito passivo da relação jurídica. (LACERDA, Galeno. *Teoria geral do processo*. Rio Janeiro: Forense, 2008. p. 220-221)

(41) "*Diritto è una podestà o signoria della voluntà impartita dall'ordine giuridico.*" (WINDSCHEID, Bernard. *Diritto dele pandette*. Prima Traduzione Italiana. Volume Primo. Parte Prima. Torino: Unione Tipografico – Editrice Torinese, 1902. p. 170)

(42) "*Volontà dello Stato*", conforme SFORZA, Widar Cesarini. Diritto soggettivo. In: *Enciclopedia del diritto*, Milano, Guiffrè, v. XII, p. 685, 1964. Ovídio Baptista, a partir da assimilação do conceito de direito subjetivo como poder da vontade conferido, consagrado por Windscheid, diz que "a relação jurídica deverá, necessariamente, traduzir-se numa relação obrigacional entre sujeitos de direito, nunca numa relação do titular do direito com a coisa que lhe pertence", provocando "uma profunda inversão conceitual, se compararmos a visão moderna com a concepção clássica do fenômeno jurídico": o direito, em seu sentido original, não se confundia, absolutamente, com a lei, e, menos ainda, como hoje passou-se a concebê-lo, com o *poder* que o titular terá para impor sua vontade contra outrem. Essa concepção moderna de direito, como direito subjetivo, corresponde a uma autêntica "revolução copernicana", como a provocada por Kant, na mesma linha da revolução operada por ele na filosofia moderna (BAPTISTA DA SILVA, Ovídio Araújo. *Jurisdição e execução na tradição romano-canônica*. 3. ed. Rio de Janeiro: Forense, 2007. p. 117-118).

(43) "*Pero los derechos non son el fin de la voluntad, sino que le sirven de médio. ¿Si la voluntad unicamente fuera el objeto del derecho, cómo podrían tener derechos las personas sin voluntad?*" [...] "*Pero los derechos no existen para realizar la idea de la voluntad jurídica abstracta, sino para garantizar los intereses de la vida, ayudar a sus necesidades y realizar sus fines. Los derechos no producen nada inútil; la* utilidad, *no la voluntad, es la sustância del derecho. La voluntad no es màs que la fuerza motriz de los derechos. Dos elementos constituyen del derecho: uno* substancial, *que es fin práctico del derecho, la utilidade, las ventajas y ganancias;* outro formal, *que es médio para este fin: la protección del* derecho; *la acción de la justicia. Los derechos son, pues, intereses jurídicamente protegidos.*" (JHERING, Rudolf Von. *Espíritu del Derecho Romano*. 2. ed. Madrid: Revista de Occidente, 1962. p. 443 e 445).

Jellinek (1851-1911)⁽⁴⁴⁾, visando a traçar seu conceito de direito subjetivo público, acaba consagrando a chamada "teoria mista", que combina o poder de vontade com a finalidade de proteger os interesses dos indivíduos. Para o autor, o direito subjetivo (subjetividade jurídica) se expressa por meio do reconhecimento, pelo Estado, da posição do indivíduo como pessoa, como membro do Estado e dotado de direitos individuais perante a esfera pública, pois essa concessão do Estado possibilita ao indivíduo (poder de vontade) colocar em movimento o sistema jurídico para realizar um interesse, mediante o reconhecimento do ordenamento jurídico (Direito objetivo). Para essa concepção, o direito subjetivo é, portanto, um poder da vontade humana que recai sobre um bem ou um interesse e que o ordenamento jurídico reconhece e protege.

Em suma, essas são as três teorias mais difundidas a respeito da definição do direito subjetivo e sua relação com o Direito objetivo. Existem várias teorias sobre o direito subjetivo e, no presente trabalho, opta-se pelo estudo da chamada pré-história do direito subjetivo (Ockam) e das teorias clássicas de Windscheid, Jhering e Jellinek, além de mais duas que se elegem como relevantes, como as de Kelsen e de Pontes de Miranda.

Kelsen⁽⁴⁵⁾ (1881-1973), contestando detalhadamente as três teorias mais tradicionais sobre direito subjetivo (teoria da vontade, de Windscheid⁽⁴⁶⁾; teoria do interesse, de Jhering⁽⁴⁷⁾;

---

(44) *"La subietivittà giuridica si contrappone allo Stato. Essa si esprime mediante il riconoscimento da parte dello Stato della posicione dell'individuo come membro nella comunità del popolo. Ma essa racchiude in sè, altresi, il riconoscimento dell'uomo come persona: cioè, come un individuo dotato d'una sfera di diritti pubblici. È questo il resultado di tutta l'evoluzione della civiltà: che nello Stato moderno ogni uomo, il quale è sottoposto come che sai al potere statale, è nel medesimo tempo di fronte ad esse anche persona". [...] "Ma la capacità individuale, concessa dallo Stato, di mettere in moto l'ordinamento giuridico nel proprio interesse crea, come qualsiasi delimitato potere individuale riconosciuto dal diritto, un diritto subiettivo."* (JELLINEK, Georg. *La dottrina generale del diritto dello Stato*. Traduzione italiana sulla terza edizione tedesca. Milano: Giuffrè, 1949. p. 23 e 30)

(45) KELSEN, Hans. *Problemas Capitales de la Teoría Jurídica del Estado:* desarrolados con base en la doctrina de la proposición jurídica. México: Porruá, 1987. p. 493-578 (tradução da segunda edição em alemão, de 1923), combinado com KELSEN, Hans. *Teoria geral do Direito e do Estado*. Tradução Luís Carlos Borges. 2. ed. São Paulo: Martins Fontes, 1992. p. 82-83 (publicada originalmente com o título: *General Theory of Law and State*, em 1945).

(46) Kelsen sustenta que Windscheid se contradiz ao dizer que a vontade do ordenamento jurídico é o substrato do direito subjetivo e sustentar que o conteúdo (material) do direito subjetivo é determinado pela vontade real do titular do direito. Acrescenta que, se, realmente, a vontade do ordenamento jurídico fosse o substrato do direito subjetivo, o único sujeito de direito seria o próprio ordenamento jurídico. E arremata dizendo que a vontade, assim como o interesse, são elementos psíquicos e, como tais, incompatíveis com a construção jurídica em geral, acarretando ficções e contradições (KELSEN, Hans. *Problemas Capitales de la Teoría Jurídica del Estado: desarrolados con base en la doctrina de la proposición jurídica*. México: Porruá, 1987. p. 512 e 513-514).

(47) Para Kelsen, da teoria de Jhering, o elemento proteção é o único que se justifica ("que fica em pé") como conteúdo do direito subjetivo: *"El análisis crítico de la construcción de JHERING nos lleva, por tanto, a la conclusión de que de los dos elementos del concepto del derecho subjetivo, el material, es decir, el interes, es perfectamente inadecuado para ser parte integrante del concepto del derecho y de que este elemento solo palavra y de un modo puramente fictício entra como factor especial en el derecho subjetivo de JHERING. Lo único que queda siempre em el concepto de este autor es el elemento de la protección, que JHERING señala, inexactamente, como formal. Este estado de protección, lo único que queda en pie como contenido del derecho subjetivo de JHERING, no es, en realidad, sino el reflejo material de la protección estatuída por el orden jurídico, y esta protección, y no lo protegido es el elemento verdaderamente formal, pues bien, esta protección consiste en el deber jurídico, que es la forma subjetiva de manifestarse la norma jurídica. Con lo cual queda nuevamente demonstrada la íntima afinidad que existe entre el concepto jheringíano y el concepto iusnaturalista del derecho subjetivo: en ambas construcciones, vemos que el derecho subjetivo es, simplemente, el reverso sustancial del deber jurídico formal."* (KELSEN, Hans.

teoria mista, de Jellinek⁽⁴⁸⁾), inova ao romper com a noção da doutrina do Direito Natural segundo a qual o direito "subjetivo" e o dever possuem existências independentes do ordenamento jurídico, tendo em vista que, para essa doutrina, as normas jurídicas se limitam a proteger ou garantir direitos subjetivos considerados lógica e temporalmente anteriores ao Direito objetivo⁽⁴⁹⁾.

Kelsen⁽⁵⁰⁾ altera a relação de precedência de direito (subjetivo) → dever para dever → direito (subjetivo), a partir da concepção de que a base de tudo é o Direito objetivo (a norma), salientando, todavia, que "um direito é mais do que o correlativo de um dever".⁽⁵¹⁾ De acordo com a teoria Kelseniana, o direito subjetivo é o poder jurídico eventualmente (não necessariamente⁽⁵²⁾) concedido pelo Direito objetivo, mediante uma ação, para que o Estado (por meio do Poder Judiciário) aplique a sanção (determinada pelo próprio Direito objetivo) àquele que não cumpriu um determinado dever imposto pela norma⁽⁵³⁾:

> O Direito de um é o dever de outro, considerado do ponto de vista daquele frente ao qual está este dever. Fala-se, por isso, de um "Direito" no sentido

---

Problemas Capitales de la Teoria Jurídica del Estado: desarrolados con base en la doctrina de la proposición jurídica. México: Porrúa, 1987. p. 506-507)

(48) Kelsen entende que a definição de Jellinek não se distingue, substancialmente, em nada da de Windscheid, pois Jellinek se orienta bem mais pelo elemento vontade no seu conceito de direito subjetivo: *"En realidad, la definición de JELLINEK no se distingue substancialmente en nada de la de WINDSCHEID. Se limita a reoger en la definición el elemento, supérfluo por cuanto evidente en sí mismo, del contenido de la voluntad; algo así como si en la definición del cuadrado se incluyese, además de los elementos de los cuatro lados y los cuatro ángulos rectos, la igualdad de las dos diagonales."* (KELSEN, Hans. *Problemas Capitales de la Teoría Jurídica del Estado:* desarrolados con base en la doctrina de la proposición jurídica. México: Porrúa, 1987. p. 537)

(49) "No começo, existiam apenas direitos subjetivos — em especial, o protótipo de todos os direitos, o direito à propriedade (obtida por ocupação) — e apenas num estágio posterior o Direito objetivo como ordem do Estado foi acrescentado com o propósito de sancionar e proteger os direitos que, independentemente dessa ordem, haviam passado a existir. Esta ideia é desenvolvida com mais clareza na teoria da Escola Histórica, que foi decisivamente influenciada, não apenas pelo positivismo jurídico do último século, mas também pela jurisprudência moderna dos países de língua inglesa" (KELSEN, Hans. *Teoria geral das normas.* Tradução José Florentino Duarte. Porto Alegre: Fabris, 1986. p. 82-83).

(50) KELSEN, Hans. *Teoria geral das normas.* Tradução José Florentino Duarte. Porto Alegre: Fabris, 1986. p. 175: "[...] Não são possíveis atribuições de Direito a um, especialmente Direito em sentido técnico, sem deveres dos outros; deveres, porém, sem Direitos, no sentido técnico, são muito bem possíveis; é inexato quando a Ciência do Direito (*jurisprudenz*) tradicional (porventura sob a influência da Teoria do Direito Natural) coloca em primeiro plano o conceito de atribuição de um Direito como de Direito subjetivo; fala de Direito e dever — não de dever e Direito —; [...]".

(51) KELSEN, Hans. *Teoria geral das normas.* Tradução José Florentino Duarte. Porto Alegre: Fabris, 1986. p. 175, combinado com KELSEN, Hans. *Teoria geral do Direito e do Estado.* Tradução Luís Carlos Borges. 2. ed. São Paulo: Martins Fontes, 1992. p. 81-82.

(52) Para Kelsen, a essência do Direito está em impor condutas determinadas, por meio do estabelecimento de deveres. O estabelecimento de direitos no sentido subjetivo é uma opção do Direito objetivo. Nesse contexto: a) podem existir deveres sem direitos "subjetivos", mas não pode haver direitos "subjetivos" sem deveres dos outros; b) a previsão de direitos subjetivos "é uma função possível, não uma função necessária de um ordenamento jurídico positivo" (KELSEN, Hans. *Teoria geral das normas.* Tradução José Florentino Duarte. Porto Alegre: Fabris, 1986. p. 175).

(53) KELSEN, Hans. *Teoria geral das normas.* Tradução José Florentino Duarte. Porto Alegre: Fabris, 1986. p. 174-175. Segundo Mario Losano, recorrendo à concepção de dever jurídico, Kelsen abandona a concepção de direito subjetivo herdada da doutrina romanista e considera-o fundamento da pretensão jurídica, excluindo toda consideração psicossociológica (LOSANO, Mario G. *Teoría pura del Derecho: evolución y puntos cruciales.* Bogotá: Editorial Temis, 1992. p. 25).

subjetivo da palavra. Direito no sentido subjetivo pode, por sua vez, — no âmbito de uma ordem jurídica — ter uma significação especificamente técnica. O 'Direito' de um não é, pois, mero reflexo do dever de um outro. Este Direito subjetivo só existe, pois, se a sanção que deve ser aplicada pelo órgão aplicador do Direito, especialmente pelo tribunal, no caso de não cumprimento de dever, tiver de se realizar apenas a requerimento do sujeito lesado em seu interesse pelo não cumprimento do dever; de modo que a fixação da norma individual, com a qual se ordena a sanção, por uma ação dirigida a tal fim — demanda, queixa —, é solicitada por aquele frente a quem existe — não cumprido — dever. Então esse bem, à sua disposição, o Direito que estatui o dever, o Direito é *seu* Direito.[54] (Grifos do autor)

No Brasil, destaca-se o posicionamento de Pontes de Miranda (1892-1979)[55], o qual, depois de advertir que o direito subjetivo é uma abstração à que sutilmente se chega após o exame da eficácia dos fatos jurídicos criadores de direitos, sustenta que a regra jurídica é objetiva e incide nos fatos, assim, o suporte fático torna-se fato jurídico: "o que, para alguém, determinadamente, dessa ocorrência emana, de vantajoso, é direito, já aqui subjetivo, porque se observa o lado desse alguém, que é o titular dele". O autor prescreve não ser possível se conceber o direito subjetivo, quer histórica, quer logicamente, sem o Direito objetivo, de modo que, incidindo a regra jurídica, o direito subjetivo é "o que resulta do lado positivo da incidência", portanto, "há nele um pode", esclarecendo, todavia, que o direito subjetivo não é uma faculdade, "contém a faculdade". Em suma, para Pontes de Miranda, direito subjetivo "é a vantagem que veio a alguém, com a incidência da regra jurídica em algum suporte fáctico".[56]

Para Pontes de Miranda, o direito subjetivo é todo direito de que a regra objetiva dota os sujeitos de direito, "conferindo-lhes projeção própria, atuação voluntária ou não".[57] Essa projeção própria é a "individualização" da posição jurídica, o reconhecimento de que "alguém, a quem o direito objetivo atribui ou reconhece tal posição, pode *invocá-lo*, não como sujeito ativo, e sim como sujeito ativo em que o direito se precisou".[58] (Grifos do autor)

Em face da contextualização e das teorias do direito subjetivo acima expostas, procura-se demonstrar que o arraigamento histórico e cultural dos direitos individuais,

---

(54) KELSEN, Hans. *Teoria geral das normas*. Trad. José Florentino Duarte. Porto Alegre: Fabris, 1986. p. 174. Em outra obra, o autor trata o "direito subjetivo" como sinônimo de "pretensão", traduzido na exigência da conduta devida (dever), quando tal dever não esteja sendo cumprido tal como determinado pelo direito objetivo (norma), em *Teoria pura do direito*. Trad. João Baptista Machado. 6. ed. São Paulo: Martins Fontes, 1999. p. 142.

(55) PONTES DE MIRANDA, Francisco Cavalcanti. *Tratado de direito privado*. Rio de Janeiro: Borsoi, 1955. t. 5, p. 231-233.

(56) PONTES DE MIRANDA, Francisco Cavalcanti. *Tratado de direito privado*. Rio de Janeiro: Borsoi, 1955. t. 5, p. 226. Alexy refere-se ao direito subjetivo como "posição jurídica" e propõe a divisão e a pluralidade dos direitos subjetivos (direito a algo, liberdades; competências), conforme ALEXY, Robert. *Teoría de los derechos fundamentales*. Madrid: Centro de Estudios Constitucionales, 1997. p. 177-178.

(57) PONTES DE MIRANDA, Francisco Cavalcanti. *Tratado da ação rescisória*. 3. ed. Rio de Janeiro: Borsoi, 1957. p. 5-6.

(58) *Ibidem*, p. 10.

por muito tempo hegemônico, está ligado, substancialmente, ao individualismo, ao voluntarismo, ao patrimonialismo e à concepção de direito subjetivo da época, salientando que, embora as teorias clássicas de direitos subjetivos sejam diferentes — e tais diferenças sejam importantes —, todas são pensadas tendo em vista apenas a tutela de direitos aos indivíduos[59] (no máximo, para pessoas jurídicas[60]).

A seguir, pretende-se conectar essas características que alicerçam a tutela de direitos individuais com a tutela jurisdicional de direitos individuais do Estado Liberal.

A ideologia resultante da grande Revolução Liberal europeia, iniciada da França em 1789 e concluída nas várias conturbações liberais e constitucionais dos anos de 1848 e 1849, também atinge a fundo o sistema judiciário, que, até então, reflete, fielmente, a organização autoritária e hierárquica da sociedade feudal.[61]

Tendo em vista que a realização do direito material perante a sociedade, quando não ocorre espontaneamente, se dá por meio do processo[62], é natural que o processo sofra e reflita as influências da experiência e do momento cultural em que está inserido[63], ainda mais numa "Revolução" como a Liberal Europeia, que, de tão significativa, rompe a era do medievo e inicia a modernidade (idade moderna), ingressando no processo, normalmente pela porta do procedimento, a ideologia[64] e a cultura[65] do novo modelo de sociedade.

---

(59) COIMBRA, Rodrigo; DRESCH, Rafael. Reflexões sobre a noção de direito subjetivo frente à tutela dos direitos individuais e transindividuais. *Revista da AJURIS*, Porto Alegre, n. 132. p. 277-305, dez. 2013.

(60) WINDSCHEID, Bernard. *Diritto dele pandette*. Prima Traduzione Italiana. Volume Primo. Parte Prima. Torino: Unione Tipografico – Editrice Torinese, 1902. p. 209-212.

(61) CAPPELLETTI, Mauro. Libertà individuale e giustizia sociale nel processo civile italiano. *Rivista di Diritto Processuale*, Padova, CEDAM, v. 27, 2. serie, p. 11-34, em especial, p. 11-13, 1972. A estrutura não igualitária da sociedade estamental do *ancien régime* europeu e suas diferenciações refletiam na organização judiciária da época, mediante privilégios de uma classe em relação a outras. O princípio da igualdade perante a lei é conquista moderna: no passado, a população era dividida em classes (conforme a qualidade das pessoas) e, de acordo com a classe, os direitos e os tribunais eram diferentes, adverte Cappelletti (p. 11-12).

(62) PONTES DE MIRANDA, Francisco Cavalcanti. *Comentários à Constituição de 1946*. 3. ed. Rio de Janeiro: Borsoi, 1960. t. 1, p. 26.

(63) FAZZALARI, Elio. L'esperienza del processo nella cultura contemporanea. *Rivista di Diritto Processuale*, Padova, CEDAM, v. 27, 2. serie, p. 22 (p. 10-30), 1965; DENTI, Vittorio. Valori costituzionali e cultura processuale. *Rivista di Diritto Processuale*, Padova, CEDAM, v. 39, 2. serie, p. 443-464, 1984.

(64) Sobre as relações entre a ideologia e o processo: CAPPELLETTI, Mauro. Ideologie nel diritto processuale. *Rivista Trimestrale di Diritto e Procedura Civile*, Milano, Giuffrè, n. 16, p. 193-291, 1962 (versão traduzida para o português: CAPPELLETTI, Mauro. Ideologia no processo civil. *Revista da AJURIS*, Porto Alegre, n. 23, p.16-33, nov. 1981). Na doutrina nacional: ALVARO DE OLIVEIRA, Carlos Alberto. Procedimento e ideologia no direito brasileiro atual. *Revista da AJURIS*, Porto Alegre, n. 33, p. 79-85, mar. 1985. BAPTISTA DA SILVA, Ovídio Araújo. *Processo e ideologia:* o paradigma racionalista. Rio de Janeiro: Forense, 2004.

(65) Sobre as relações entre a cultura e o processo: BAUR, Fritz. Il processo e le correnti culturali contemporanee. *Rivista di Diritto Processuale*, Padova, CEDAM, v. 27, 2. serie, p. 253-271, 1972; DENTI, Vittorio. Valori costituzionali e cultura processuale. *Rivista di Diritto Processuale*, Padova, CEDAM, v. 39, 2. serie, p. 443-464, 1984; FAZZALARI, Elio. L'esperienza del processo nella cultura contemporânea. *Rivista di Diritto Processuale*, Padova, CEDAM, v. 20, 2. serie, p. 10-30, 1965. Na doutrina nacional: LACERDA, Galeno. *Revista de Direito Processual Civil*, São Paulo, Saraiva, v. 3, p. 74-86, jan./jun. 1961; ALVARO DE OLIVEIRA, Carlos Alberto. 4. ed. São Paulo: Saraiva, 2010. p. 92-97; MITIDIERO, Daniel. Processo e cultura: praxismo, processualismo e formalismo em direito processual civil. *Genesis:* revista de direito processual civil, Curitiba, n. 33. p. 484-510, em especial, p. 484-488, jul./set. 2004.

É importante contextualizar que a Revolução Francesa rompe com um enraizado sistema processual sobre o qual há uma profunda repulsa popular em face dos abusos da função jurisdicional exercidos pelas altas cortes de justiça no tempo do *ancien régime*. Os cargos dos juízes são hereditários, podendo ser comprados e vendidos. O trabalho dos juízes deve ser pago pelos litigantes, como se a administração da justiça fosse um privilégio dos magistrados e não um dever (o chamado princípio da venalidade da justiça também é abolido pela Revolução). Os juízes estão tão identificados com o regime feudal que consideram inaceitável qualquer inovação liberal. *Status*, educação, família e interesses pessoais de classe combinam-se para motivar comportamentos extremamente conservadores, fato que contribui para a deflagração da Revolução.[66]

Nesse cenário de uma sociedade estamental e na qual a maioria dos indivíduos não tem vez, voz, nem direitos mínimos, a jurisdição do Estado Liberal é pensada e direcionada apenas para indivíduos (no máximo, para pessoas jurídicas, conforme construção jurídica realizada ao longo do tempo), tendo por finalidade precípua a tutela dos direitos subjetivos violados (repressão de ilícitos).[67]

Diante disso, a tutela jurisdicional da época, no Direito Continental, privilegia o predomínio da vontade e da iniciativa das partes, em face do acolhimento do princípio da igualdade das partes no âmbito processual e por meio da supervalorização do princípio dispositivo na estruturação do processo de então.[68] Para o sucesso desse modelo, o juiz deve ser passivo, neutro, totalmente estranho à direção do processo e mero aplicador da letra da lei ao caso concreto (*bouche de la loi*[69]), espectador passivo[70], de molde a melhor garantir as posições individuais dos litigantes e a disponibilidade privada da tutela jurisdicional. Essa disponibilidade privada, carregada do voluntarismo da época, considera o processo como coisa das partes — *Sache der Partein*.[71]

---

(66) CAPPELLETTI, Mauro. Repudiando Montesquieu? A expansão e a legitimidade da "Justiça Constitucional". Trad. Fernando Sá. *Revista da Faculdade de Direito da Universidade Federal do Rio Grande do Sul,* Porto Alegre, UFRGS, v. 20, p. 261-286, em especial p. 269-270, out. 2001. Retratando o componente conservador na busca de certeza do Direito, ver TARELLO, Giovanni. *Storia della cultura giuridica moderna.* Bologna: Il Mulino, 1976. p. 134-135.

(67) CHIOVENDA, Giuseppe. *Principios de Derecho Procesal Civil.* Madrid: Reus, 1925. t. 1, p. 339-461. O clássico conceito de jurisdição como atividade de substituição (pela atividade de órgãos públicos, da atividade de particulares ou de outros órgãos públicos) "afirmando a existência de uma vontade da lei" (p. 349), formulada por Chiovenda, está arraigado na ideologia do direito material exposta no item 2.1 (especialmente, quando se abordou o conceito de direito subjetivo formulado por Windscheid). Ao diferenciar jurisdição civil de jurisdição penal, Chiovenda evidencia as características da ideologia liberal no seu pensamento: "Enquanto o juízo civil visa à consecução de um bem garantido por uma vontade da lei originária ou derivada, mediante a atuação desta; o juízo penal visa ao castigo do particular que violou uma lei" (p. 379).

(68) BAUR, Fritz. Il processo e le correnti culturali contemporanee. *Rivista di Diritto Processuale,* Padova, CEDAM, v. 27, 2. serie, p. 253-271, em especial, p. 257, 1972; MITIDIERO, Daniel. *Colaboração no processo civil:* pressupostos sociais, lógicos e éticos. 2. ed. São Paulo: Revista dos Tribunais, 2011. p. 34, nota de rodapé 48.

(69) Os juízes, segundo Montesquieu, "não são nada mais que a boca que pronuncia as palavras da lei; são seres inanimados que não podem moderar quer a força quer o rigor da lei" (CAPPELLETTI, Mauro. Repudiando Montesquieu? A expansão e a legitimidade da "Justiça Constitucional". Tradução de Fernando Sá. *Revista da Faculdade de Direito da Universidade Federal do Rio Grande do Sul,* Porto Alegre, UFRGS, v. 20, p. 269-270 (p. 261-286), out. 2001).

(70) TROCKER, Nicolò. *Processo civile e costituzione — Problemi di diritto tedesco e italiano.* Milano: Giuffrè, 1974. p. 4.

(71) WIEACKER, Franz. *História do direito privado moderno.* 2. ed. Lisboa: Fundação Calouste Gulbenkian, 1993. p. 532; ALVARO DE OLIVEIRA, Carlos Alberto. *Do formalismo no processo civil:* proposta de um formalismo-valorativo. 4. ed. São Paulo: Saraiva, 2010. p. 66-68.

Nessa época, "ultraliberal", é consequente que o processo seja visto "como o campo onde os particulares travavam o duelo de seus interesses substanciais, e não um dos possíveis instrumentos para a pacificação de litigantes", assevera Dinamarco.[72]

Prevalece uma visão do processo mais próxima ao ponto de vista do advogado que do juiz, segundo a concepção cara ao liberalismo, pela qual o processo é um negócio das partes, que devem poder projetar em juízo suas liberdades econômicas e sociais.[73]

Tudo isso era natural naquela época tão individualista, na qual se equacionavam as relações entre Estado e indivíduo em termos tais "que o princípio da autoridade vinha diluído entre exageradas aplicações do princípio da liberdade e para qual a igualdade jurídica, mãe de tantas injustiças, era um animal sagrado em que não se devia tocar", conforme Dinamarco.[74]

Note-se que, para a época, os avanços são imensos, retomando a evolução do processo civil, conforme destaca Alvaro de Oliveira[75], com destaque para o *Code de Procédure Civile* francês de 1806, de grande influência nos demais países da Europa, que suprime a jurisdição privilegiada conforme a classe ocupada na sociedade, com a ideia de publicidade do processo, da transformação radical no sistema probatório e de uma maior regulação dos poderes do juiz[76], ainda que com limites bem definidos e com a condição de manter intacta a autonomia individual.[77]

Nessa senda, uma das características marcantes do processo liberal é a tutela ressarcitória em dinheiro ou tutela pelo equivalente (em dinheiro)[78], fruto da finalidade principal do Estado Liberal de garantir a liberdade dos cidadãos, marcada por uma rígida delimitação dos seus poderes de intervenção na esfera jurídica privada.[79] Adverte Marinoni[80] que, ao se admitir que os bens jurídicos possam ser reduzidos à pecúnia, há assimilação entre ressarcimento e pagamento de dinheiro e, dessa maneira, falta motivo para a preocupação com uma forma de tutela capaz de permitir a reparação *in natura*.

---

(72) DINAMARCO, Cândido Rangel. *Fundamentos do processo civil moderno*. 6. ed. São Paulo: Malheiros, 2010. t. 1, p. 66.

(73) DENTI, Vittorio. *Processo civile e giustizia sociale*. Milano: Comunità, 1971. p. 19.

(74) DINAMARCO, Cândido Rangel. *Fundamentos do proceso civil moderno*. 6. ed. São Paulo: Malheiros, 2010. t. 1, p. 65-66.

(75) ALVARO DE OLIVEIRA, Carlos Alberto. *Do formalismo no processo civil:* proposta de um formalismo-valorativo. 4. ed. São Paulo: Saraiva, 2010. p. 66.

(76) CAPPELLETTI, Mauro. Libertà individuale e giustizia sociale nel processo civile italiano. *Rivista di Diritto Processuale*, Padova, CEDAM, v. 27, 2. serie, p. 13-14 (p. 11-34), 1972; WIEACKER, Franz. *História do direito privado moderno*. 2. ed. Lisboa: Fundação Calouste Gulbenkian, 1993. p. 532.

(77) DENTI, Vittorio. *Processo civile e giustizia sociale*. Milano: Comunità, 1971. p. 19.

(78) A tutela ressarcitória contra o dano (já ocorrido) pode ser prestada de duas formas: em dinheiro, também chamada de tutela pelo equivalente (equivalência em dinheiro) ou na forma específica (pelo adimplemento *in natura)*, isto é, devolvendo ao jurisdicionado não o equivalente em dinheiro, mas o que efetivamente as normas lhe proporcionam (MARINONI, Luiz Guilherme. *Técnica processual e tutela dos direitos*. São Paulo: Revista dos Tribunais, 2004. p. 59 e 62 e 67).

(79) TARELLO, Giovanni. *Storia della cultura giuridica moderna*. Bologna: Il Mulino, 1976. p. 279.

(80) MARINONI, Luiz Guilherme. *Teoria geral do processo*. 4. ed. São Paulo: Revista dos Tribunais, 2010. p. 255.

Segundo o direito liberal, para garantir a liberdade dos cidadãos, o juiz deve interferir o mínimo possível na esfera dos particulares. Assim, a lei não deve tomar em consideração as diferentes posições sociais, pelo contrário, deve ser indiferente acerca das desigualdades sociais e econômicas, pois visa a dar tratamento igual às pessoas apenas no sentido formal[81], refletindo a abstração das pessoas e o patrimonialismo típico do direito material da época (na lógica da prevalência de valores relativos à apropriação de bens — "ter" e do binômio lesão-sanção[82]).

Sublinhe-se que a inviabilidade de tratamentos de direito material e de direito processual diferenciados tem por base a pretendida "neutralidade" que dominou a construção da ciência jurídica nessa época.[83]

Nesse contexto, as técnicas processuais executivas voltadas à agressão do patrimônio do executado estão todas previstas em lei: são técnicas processuais típicas[84], tendo em vista que as formas de tutela jurisdicionais são vistas como garantias das liberdades.

Respondendo ao questionamento por ele mesmo formulado acerca do motivo da objetivada neutralidade da ciência processualística, Denti[85] salienta que todos os conceitos-chave do processo civil são estreitamente ligados às estruturas dos direitos subjetivos, que são produto principal da codificação dos anos oitocentos, fundadas na concepção individualista do liberalismo econômico clássico.

Daí que, se os bens e as pessoas são equivalentes (em decorrência do princípio da igualdade formal), a tutela jurisdicional do processo liberal tutela, essencialmente, os direitos subjetivos, visando a assegurar a liberdade dos indivíduos, sancionando o ato faltoso (repressão de ilícitos) pela forma pecuniária (tutela ressarcitória em dinheiro). Limita-se, assim, a exprimir a equivalência das "mercadorias", mantendo incólume a lógica do "bom" funcionamento do mercado.[86] Note-se que a prevalência da finalidade

---

(81) MARINONI, Luiz Guilherme. *Técnica processual e tutela dos direitos.* São Paulo: Revista dos Tribunais, 2004. p. 35-36 e 57.

(82) TEPEDINO, Gustavo. A tutela da personalidade no ordenamento civil-constitucional brasileiro. *In:* TEPEDINO, Gustavo (Org.). *Temas de direito civil.* 3. ed. Rio de Janeiro: Renovar, 2004. p. 25; DE CUPIS, Adriano. *Os direitos da personalidade.* Lisboa: Morais, 1961. p. 25.

(83) DENTI, Vittorio. *Processo civile e giustizia sociale.* Milano: Comunità, 1971. p. 17 e 29. Conforme Denti, se um corretivo foi aportado, naqueles anos (início do século XX), ao formalismo de tal doutrina, não foi em direção liberal, mas em direção potencialmente autoritária (p. 17). Nesse sentido, Irti fala em "neutralità valuativa" ressaltando "o supremo valor da liberdade" (IRTI, Natalino. *L'età della decodificazioni.* 4. ed. Milano: Giuffrè, 1999. p. 8). Nesse contexto, Ovídio Baptista, criticando o paradigma racionalista e a absoluta separação entre "fato" e "direito", esclarece que "o Direito, enquanto ciência, deveria ser tratado com a neutralidade recomendada para as ciências, sem que os juristas, especialmente o processualista, se pudessem envolver com valores" (BAPTISTA DA SILVA, Ovídio Araújo. *Processo e ideologia:* o paradigma racionalista. Rio de Janeiro: Forense, 2004. p. 302-303).

(84) MITIDIERO, Daniel. O processualismo e a formação do Código Buzaid. *Revista de Processo,* São Paulo, Revista dos Tribunais, n. 183, p. 165-194, em especial, p. 188, maio 2010.

(85) DENTI, Vittorio. *Processo civile e giustizia sociale.* Milano: Comunità, 1971. p. 18. Nesse sentido, CAPPELLETTI, Mauro. Formazioni sociali e interessi di gruppo davanti alla giustizia civile. *Rivista di Diritto Processuale*, Padova, CEDAM, v. 30, 2. serie, p. 361-402, em especial, p. 364, 1975.

(86) "Se os bens são equivalentes e assim não merecem tratamento diversificado, a transformação do bem devido em dinheiro está de acordo com a lógica do sistema, cujo objetivo é apenas o de sancionar o faltoso, repristinando

da repressão de ilícitos é uma consequência da concepção da jurisdição[87] como tutela de direitos subjetivos privados violados (do final do século XIX), com a consequente e tendencial exclusão da função de prevenção de ilícitos da finalidade do processo civil.[88]

Essa concepção da tutela jurisdicional essencialmente pensada para a repressão de ilícitos aparece, claramente, na obra de Liebman (1903-1986)[89] e no Código de Processo Civil brasileiro de 1973, capitaneada pelo processualista e, nessa época, Ministro da Justiça, Buzaid, por isso, também chamado de Código Buzaid.[90] O autor italiano, que por anos lecionou na Universidade de São Paulo, ao diferenciar a sanção civil da sanção penal, esclarece que a sanção civil é reparatória (ressarcitória) e possui eficácia satisfativa (não mais vingativa ou penal), sustentando que o restabelecimento da ordem jurídica mediante a satisfação integral do direito subjetivo violado (por incidência da sanção — "repressão") é um dos escopos principais do processo civil, conforme ilustra com precisão a passagem abaixo:

> Bem diferente é a sanção civil: visa ela anular os efeitos do ato ilícito, isto é, conseguir por outros meios o mesmo resultado, ou pelo menos outro, quanto mais possível equivalente ao que teria decorrido da espontânea observância do imperativo originário. Sua finalidade é reparatória, satisfativa: propõe-se reestabelecer e satisfazer, à custa do responsável, o direito subjetivo que o ato ilícito violou. Isso nem sempre é materialmente possível; mas a sua tendência tem sempre esta direção e todo esforço é feito para atingir o resultado. O reestabelecimento da ordem jurídica através da satisfação integral do direito violado, conseguido com todos os meios ao alcance dos órgãos judiciários, eis o escopo da sanção; e êste é justamente um dos fins máximos do processo civil.[91]

---

os mecanismos de mercado. Por outro lado, se o juiz não pode dar tratamento distinto às necessidades sociais, nada mais natural do que unificar tal forma de tratamento, dando ao lesado valor em dinheiro" (MARINONI, Luiz Guilherme. *Técnica processual e tutela dos direitos*. São Paulo: Revista dos Tribunais, 2004. p. 59).

(87) A jurisdição, nessa época, é uma atividade meramente substitutiva da atividade privada, seguindo o conceito de atividade jurisdicional de Chiovenda, não sendo possível coagir a vontade do executado, conforme MITIDIERO, Daniel. O processualismo e a formação do Código Buzaid. *Revista de Processo*, São Paulo, Revista dos Tribunais, n. 183, p. 165-194, em especial, p. 187, maio 2010.

(88) RAPISARDA, Cristina. Premesse allo studio della tutela civile preventiva. *Rivista di Diritto Processuale*, Padova, CEDAM, v. 35, 2. serie, p. 92-154, em especial, p. 103, 1980. Sustentando que, para compreender a resistência oposta à introdução de uma tutela preventiva, é necessário estudar o conceito de ação, Ovídio Baptista diz que "a ação pressupõe a existência de um 'obstáculo'. Daí seu sentido *repressivo*, nunca *preventivo*. O 'futuro obstáculo', apenas antevisto como provável, é uma categoria processual que mal se adapta a esse conceito" (Grifos do autor), conforme BAPTISTA DA SILVA, Ovídio Araújo. *Processo e ideologia:* o paradigma racionalista. Rio de Janeiro: Forense, 2004. p. 96.

(89) LIEBMAN, Enrico Tullio. *Processo de execução*. 3. ed. São Paulo: Saraiva, 1968. p. 2-4. O Código de Processo Civil Brasileiro vigente (de 1973) perfilha a doutrina de Liebman, tendo sido claramente influenciado pela ideologia liberal oitocentista, tendo presentes dados sociais da Europa do final do século XIX. Liebman inspirou-se em Chiovenda, o qual levou para a Itália a doutrina alemã do final do século XIX (BUZAID, Alfredo. A influência de Liebman no direito processual civil brasileiro. *Grandes processualistas*. São Paulo: Saraiva, 1982. p. 26).

(90) Sobre o Código Buzaid e sua vocação para a prestação tão somente de tutela jurisdicional repressiva do dano. MITIDIERO, Daniel. O processualismo e a formação do Código Buzaid. *Revista de Processo,* São Paulo: Revista dos Tribunais, n. 183, p. 165-194, maio 2010.

(91) LIEBMAN, Enrico Tullio. *Processo de execução*. 3. ed. São Paulo: Saraiva, 1968. p. 3.

Veja-se como essa passagem da obra de Liebman demonstra a presença (tardia) da mentalidade da ideologia liberal, que não pensa em impedir que o dano ocorra, mas tão somente em repará-lo quando ele ocorre e, sobretudo, na forma de equivalência em dinheiro. Na trilha do liberalismo clássico, a tutela repressiva em pecúnia, por meio da sentença condenatória, teria a função de "igualizar" os bens e as necessidades (reduzidos a uma "coisa" dotada de valor de troca), na expressão de Marinoni[92], e seria suficiente, pois se todos são iguais, não há razão para admitir uma intervenção mais incisiva diante do inadimplemento, não existindo motivação para se pensar em tutela específica[93] (ou o adimplemento *in natura*) nessa época.

Confirmando a priorização à tutela ressarcitória em detrimento da restituição *in natura* no Código Civil brasileiro de 1916, Couto e Silva[94] assevera que "em matéria contratual não vigora, apesar de autorizadas manifestações em sentido contrário, o princípio da restituição *in natura*", quando se tratar de obrigação de dar ou restituir coisa certa. O autor esclarece que o Código Civil alemão (BGB) já priorizava o ressarcimento *in natura*.

Esclarece Mitidiero[95] que o Código de Processo Civil brasileiro de 1973 tem como referencial também situações do Código Civil brasileiro de 1916, fortemente influenciado pelas ideias do *Code Civil* francês. Nesse contexto, o Código Processual Civil brasileiro vigente reflete a ideologia liberal do final do século XIX, na qual imperavam a liberdade e a segurança jurídica, tendo por pilares o individualismo, o patrimonialismo da tutela dos direitos, e uma tutela jurisdicional neutra (reflexo da fase do processualismo), repressiva, condenatória e ressarcitória em dinheiro: "as relações sociais e as situações jurídico-materiais que tinha em conta eram as relações do homem do Código Civil de 1916, de Clóvis Bevilacqua, não por acaso, ele mesmo considerado um Código Civil tipicamente oitocentista. Não pode causar espanto, pois, o fato de o Código Buzaid ser considerado, em suas linhas gerais, um Código individualista, patrimonialista, dominado pela ideologia da liberdade e da segurança jurídica, pensado a partir da ideia de dano e preordenado a prestar tão somente uma tutela jurisdicional repressiva"[96].

---

(92) MARINONI, Luiz Guilherme. *Técnica processual e tutela dos direitos.* São Paulo: Revista dos Tribunais, 2004. p. 59. O autor sustenta que "para a tutela pecuniária ou ressarcitória em dinheiro foi escolhida uma técnica processual, qual seja, a sentença condenatória" (p. 63) e esse tipo de sentença "que não é adequada à prestação da tutela específica, ou capaz de atender às diferentes necessidades das pessoas e dos direitos, acaba por 'igualizar' a própria prestação jurisdicional, o que era desejo do liberalismo" (p. 64).

(93) Essa forma de tutela (na forma específica) é indispensável em se tratando de direitos transindividuais. Pense-se, por exemplo, no direito ambiental, em que o ressarcimento em dinheiro jamais terá a mesma efetividade na forma específica (MARINONI, Luiz Guilherme. *Técnica processual e tutela dos direitos.* São Paulo: Revista dos Tribunais, 2004. p. 67).

(94) COUTO E SILVA, Clóvis Veríssimo do. Dever de indenizar. In: *O Direito Privado brasileiro na visão de Clóvis do Couto e Silva.* FRADERA, Vera Jacob (Org.). Porto Alegre: Livraria do Advogado, 1997. p. 191-215, em especial, p. 200-201. Esse artigo foi publicado originalmente na *Revista de Jurisprudência do TJRGS*, ano II, n. 6, 1967.

(95) MITIDIERO, Daniel. O processualismo e a formação do Código Buzaid. *Revista de Processo*, São Paulo, Revista dos Tribunais, n. 183, p. 165-194, em especial, p. 182, maio 2010.

(96) Mitidiero, trabalhando as influências dessa ideologia no Código de Processo Civil brasileiro vigente (de 1973), esclarece que "um dos efeitos da sacralização da vontade é a impossibilidade se sua coação, dominando o cenário obrigacional a regra da equivalência das prestações". MITIDIERO, Daniel. O processualismo e a formação do Código Buzaid. *Revista de Processo*, São Paulo, Revista dos Tribunais, n. 183, p. 165-194, em especial, p. 184, maio 2010.

A ideologia da equivalência de bens e necessidades[97] é sedimentada pela porta da uniformidade dos procedimentos processuais[98], ou seja, pela existência de um único procedimento para atender a tudo e a todos, que mais uma vez remonta ao princípio da igualdade formal, base de sustentação do modelo de Estado Liberal.

Trocker[99] acrescenta que, no campo processual, é o princípio dispositivo que se encarrega de trazer os conceitos de liberdade e igualdade formal para uma aplicação coerente com a ideologia da época.

Nesse contexto, as perdas e os danos ou a tutela pelo equivalente (ressarcitória em dinheiro) seriam ideologicamente necessários não somente para manter a lógica de funcionamento dos mecanismos do mercado, como também para conservar o dogma da "neutralidade do juiz".[100]

Esclarece Mitidiero[101] que essa ideologia aparece também no Código de Processo Civil brasileiro vigente (de 1973), pensado para a tutela jurisdicional pelo equivalente monetário como o resultado-padrão do processo: "A patrimonialidade do Código Buzaid deixa antever, ainda, a orientação do legislador de mercantilização dos direitos, reduzindo todas as situações substanciais a situações patrimoniais exprimíveis em pecúnia".

Conforme adverte Marinoni,[102] o dever de reparar não pode ser identificado com uma obrigação de pagar soma em dinheiro (que é tão somente uma das formas de reparação ou ressarcimento), não apenas porque a obrigação de reparar é, em regra, uma obrigação de fazer, mas, sobretudo, porque tal maneira de ver o dano, enfatizada no direito liberal, é inadequada, uma vez que o dano é uma consequência meramente eventual do ato contrário ao direito (ilícito), podendo haver atos ilícitos sem dano, que merecem igual proteção do Estado, o que deve ser feito, prioritariamente, por meio de tutelas de direito e jurisdicionais específicas, como a tutela de remoção do ilícito (tutela de direito específica), judicialmente concretizada por uma busca e apreensão.

As transformações pelas quais a sociedade passou e continua passando impõem uma mudança de concepção e de atuação da tutela jurisdicional, que não pode mais se resignar a ressarcir danos e apenas na forma do equivalente em dinheiro, "lavando as mãos" em relação à ocorrência dos ilícitos.[103]

---

(97) MARINONI, Luiz Guilherme. *Técnica processual e tutela dos direitos*. São Paulo: Revista dos Tribunais, 2004. p. 58. Esclarece o autor que o que "igualizava" as necessidades não era a forma processual (procedimento), mas a tutela jurisdicional — pelo equivalente ou por perdas e danos — que era entregue ao lesado e a partir dessa forma de tutela é que o procedimento e, inclusive, as sentenças eram desenhadas (p. 60).

(98) PICARDI, Nicola. La vocazione del nostro tempo per la giurisdizione. *Rivista Trimestrale di Diritto e Procedura Civile*, Milano, Giuffrè, v. 58, n. 1, p. 41-71, em especial, p. 43, mar. 2004.

(99) TROCKER, Nicolò. *Processo civile e costituzione — Problemi di diritto tedesco e italiano*. Milano: Giuffrè, 1974. p. 6.

(100) DENTI, Vittorio. *Processo civile e giustizia sociale*. Milano: Comunità, 1971. p. 17; MARINONI, Luiz Guilherme. *Técnica processual e tutela dos direitos*. São Paulo: Revista dos Tribunais, 2004. p. 55-57, em especial, p. 55.

(101) MITIDIERO, Daniel. O processualismo e a formação do Código Buzaid. *Revista de Processo*, São Paulo, Revista dos Tribunais, n. 183, p. 165-194, em especial, p. 187, maio 2010.

(102) MARINONI, Luiz Guilherme. *Técnica processual e tutela dos direitos*. São Paulo: Revista dos Tribunais, 2004. p. 67-68.

(103) "Atualmente, diante da transformação do Estado, a tipificação de condutas contrárias ao direito também constitui decorrência do *dever de proteção* do Estado relação a determinados bens e situações imprescindíveis para a justa

Nessa linha, Denti[104] critica os modelos abstratos de tutela, argumentando que, embora sejam racionalmente coerentes, são divorciados do contexto político-social e advertindo para não se repetir o erro de se pensar a tutela jurídica da sociedade atual com base no modelo chiovendiano, que foi idealizado no contexto da sociedade liberal do seu tempo (modelo que repele, expressamente, a ideia de tutelas diferenciadas, conforme acima estudado, com base no princípio da igualdade formal), e, exemplificando com a proteção processual diferenciada para os direitos dos trabalhadores a partir da reforma do processo do trabalho na Itália, propõe que se evolua em termos de tutelas diferenciadas, especialmente, para os "novos direitos" (meio ambiente, consumidores, direitos de personalidade, por exemplo), como expressões da evolução econômico-social.

Nessa trilha, passa-se, a seguir, ao estudo da tutela jurisdicional dos direitos transindividuais, traçando, sempre que possível, a comparação com a tutela jurisdicional de direitos individuais concebida no Estado Liberal, visando a melhor ilustrar as diferenças e as necessidades que a tutela jurisdicional de direitos transindividuais impõe na atualidade.

1.2. A tutela jurisdicional de direitos transindividuais no Estado Constitucional: precipuamente diferenciada, inibitória, mandamental e específica

Pretende-se, agora, relacionar o estudo até aqui realizado com os interesses e direitos transindividuais, cujo nome já indica se tratar de direitos que superam a histórica noção ligada à individualidade, com implicações importantes na tutela processual dessa nova classe de direitos, que não são novos, mas ganham maior atenção da ciência jurídica na pós-modernidade, sobretudo, a partir das novas preocupações e exigências da sociedade.[105] Os transindividuais não eram considerados direitos, pois, só se reconhecia como direitos os individuais.

Estabelecendo um acordo semântico com o leitor, informa-se que se usará, no presente trabalho, preferencialmente, a expressão *direitos transindividuais*,[106] para se

---

organização social. É o caso, por exemplo, das normas de proteção à saúde, de proteção ao consumidor ou de proteção ao meio ambiente. Tais normas, em tese, poderiam ser sancionadas pelo processo penal. Contudo, não há como imaginar que o processo civil, diante da sociedade contemporânea, deva lavar as mãos em relação aos ilícitos — como se não tivesse o dever de contribuir para a efetividade das normas —, resignando-se à função de dar reparação aos danos" (MARINONI, Luiz Guilherme. *Técnica processual e tutela dos direitos*. São Paulo: Revista dos Tribunais, 2004. p. 67).

(104) DENTI, Vittorio. Valori costituzionali e cultura processuale. *Rivista di Diritto Processuale*, Padova, CEDAM, v. 39, 2. serie, p. 443-464, em especial, p. 454-455, 1984.

(105) CAPPELLETTI, Mauro. Formazioni social e interessi di gruppo davanti ala giustizia civile. *Rivista di Diritto Processuale*. Padova: CEDAM, n. 30, p. 364, 1975. O autor escreve, em 1975, observações do cenário, que continua atual, destacando que se está assistindo ao lento, mas seguro declínio de uma concepção individualista do processo e da justiça: todos os princípios, os conceitos, as estruturas, que eram enraizadas na concepção individualista se encontram insuficientes para darem uma resposta aceitável aos direitos coletivos (p. 401).

(106) A gênese do conceito de "interessi difusi" na doutrina italiana e seus reflexos no Brasil serão estudados no item 3.1. Na doutrina italiana, por exemplo: Cappelletti usa a expressão "interessi" e, às vezes, "diritti" "meta-individual" (CAPPELLETTI, Mauro. Formazioni social e interessi di gruppo davanti ala giustizia civile. *Rivista di Diritto Processuale*, Padova, CEDAM, n. 30, p. 374 e 377, 1975). Denti usa as expressões "interessi collettivi" e "interessi diffusi" (DENTI, Vittorio. Aspetti processuali della tutela dell'ambiente. In: *Studi in memoria di Salvatore Satta*. Padova: CEDAM, 1982. v. 1, p. 451. Pisani usa o termo "interessi superindividuali" (interesse supraindividual), conforme

referir ao gênero que compreende as seguintes espécies: os direitos difusos e os direitos coletivos *stricto sensu*. Todavia, serão respeitadas as terminologias de cada autor, quando se fizerem citações ou referências.

O termo difuso, utilizado bastante nos dias atuais, não foi criado modernamente: sua origem se encontra na doutrina romanística. Scialoja[107], no século passado, já se refere a uma espécie de interesse que ele denomina de difuso: "não se concentram no povo considerado como entidade, mas que tem por próprio titular realmente cada um dos participantes da comunidade". Vale contextualizar que, à época de Scialoja, essa noção se nutre do mesmo interesse que é tutelado na seara do direito administrativo, diversamente daqueles que, na modernidade, a tutela dos interesses transindividuais abrange.

Passando ao enfoque principal desta parte do trabalho, salienta-se que o direito e o processo do Estado Liberal são pensados e estruturados para tutelar direitos subjetivos e individuais.[108] Direitos difusos (espécie de direitos transindividuais) são matéria atinente à administração pública (direito público)[109] e o Judiciário aprecia interesses e direitos difusos apenas em matéria penal e, primordialmente, para resguardar os direitos do acusado.[110]

Direitos que pertencem a um grupo, ao público em geral ou a um segmento do público não são quase tratados e não se enquadram bem no modelo do direito processual de então. A necessidade de atenção para esses direitos é valorizada, sobretudo, a partir de

---

PISANI, Andrea Proto. Appunti sulla tutela giurisdizionale degli interessi superindividuali e sulle azioni di serie riscarcitorie dei consumatori. *Revista de Processo*, São Paulo, Revista dos Tribunais, n. 188, p. 195-204, out. 2010. *Extra ou superindividuale* são as expressões usadas, por exemplo, por VIGORITI, Vicenzo. *Interessi collettivi e processo*: la legittimazione ad agire. Milão: Giuffrè, 1979. p. 40. Na doutrina nacional, usa-se a expressão "direitos transindividuais", por exemplo: MARINONI, Luiz Guilherme. *Teoria geral do processo*. 4. ed. São Paulo: Revista dos Tribunais, 2010. p. 115-117; ZAVASCKI, Teori Albino. *Processo coletivo:* tutela de direitos coletivos e tutela coletiva de direitos. 4. ed. São Paulo: Revista dos Tribunais, 2009. p. 53-75; PINHO, Humberto Dalla Bernardina de. A tutela coletiva no Brasil e a assistência dos novos direitos. *Professor Humberto Dalla.* [s.l.], [s.d.]. Disponível em: <http://www.humbertodalla.pro.br/arquivos/a_tutela_coletiva_e_os_novos_direitos.pdf> Acesso em: 24 jul. 2012. Didier e Zaneti, por exemplo, preferem a expressão "direitos coletivos *lato sensu*" (DIDIER JÚNIOR, Fredie; ZANETI JÚNIOR, Hermes. *Curso de Direito Processual Civil:* Processo Coletivo. 5. ed. Salvador: JusPodivm, 2010. v. 4, p. 73-96). Tesheiner, por exemplo, seguindo a linha da legislação brasileira, usa indistintamente a terminologia direitos ou interesses difusos, coletivos *stricto sensu*, conforme, dentre outras obras do autor, TESHEINER, José Maria Rosa. Direitos difusos, coletivos *stricto sensu* e individuais homogêneos. *In:* TESHEINER, José Maria Rosa (Org.). *Processos Coletivos*. Porto Alegre: HS Editora, 2012. p. 76-77.

(107) Nas palavras originais: "Vi sono poi finalmente diritti pubblici, che noi chiamavamo diffusi, che non sono concentrati nel popolo considerato come ente, ma che hanno per proprio titolare realmente ciascuno dei partecipanti alla comunità, nei quali ciascuno per conseguenza si presenta come vero soggetto di diritto, quantunque il diritto spetti a tutti gli altri ugualmente" (SCIALOJA, Vittorio. *Procedura Civile Romana*. Roma: Anonima Romana Editoriale, 1936. p. 345).

(108) CAPPELLETTI, Mauro; GARTH, Bryant. *Acesso à justiça*. Porto Alegre: Fabris, 1988. p. 364. Nesse sentido, referindo-se ao Judiciário do Estado Liberal: TESHEINER, José Maria Rosa. Direitos difusos, coletivos *stricto sensu* e individuais homogêneos. *In:* TESHEINER, José Maria Rosa (Org.). *Processos Coletivos*. Porto Alegre: HS Editora, 2012. p. 76.

(109) Nesse sentido VIGORITI, Vicenzo. *Interessi collettivi e processo*: la legittimazione ad agire. Milão: Giuffrè, 1979. p. 34.

(110) TESHEINER, José Maria Rosa. Jurisdição e Direito Objetivo. *Justiça do Trabalho*. Porto Alegre: HS Editora, n. 325. p. 31.

1960/1970, notadamente, desde a obra de Cappelletti[111], ao identificar que a concepção tradicional de processo civil não deixa espaço para a proteção dos direitos difusos, pois "o processo civil era visto apenas como um assunto entre duas partes, que se destinava à solução de uma controvérsia entre essas mesmas partes a respeito de seus próprios interesses individuais".

Acrescenta Denti[112] não se tratar apenas de um problema de acesso à justiça, mas também da necessidade de tutelas processuais diferenciadas ingressarem no quadro normativo. Essa observação é importante, pois já sinaliza que não é adequado tratar os direitos transindividuais (o autor refere-se, notadamente, aos *interessi diffusi*) com a mesma proteção processual formulada no modelo individualista do Estado Liberal.

A sociedade em que vivemos é dita massificada, pois se caracteriza pela produção de bens e serviços em massa, pelo consumo em grande quantidade e diversidade, e os conflitos daí resultantes também envolvem, consequentemente, um grande número de pessoas, tipicamente exemplificados pelos conflitos de consumo (produtos com defeito, às vezes, com risco à vida, por exemplo).[113]

Além disso, a sociedade atual passou a dar mais atenção[114] a bens cujo interesse e eventuais danos ultrapassam a individualização, atingindo ou podendo atingir grupos, classes, coletividades, como, a saúde dos trabalhadores de uma determinada categoria e de seus familiares ou, ainda, o patrimônio histórico-cultural de uma ou mais comunidades, sem falar no meio ambiente.

A realidade social de nossa época é infinitamente mais complexa, mais articulada e mais sofisticada do que aquela do Estado Liberal. A par disso, o direito que deve regulá-la também é mais complexo[115] e, consequentemente, a tutela jurisdicional desse direito

---

(111) CAPPELLETTI, Mauro; GARTH, Bryant. *Acess to Justice:* A World Survey. Milano: Giuffrè, 1978 (há versão traduzida para o português por Ellen Gracie Northfleet. *Acesso à justiça.* Porto Alegre: Fabris, 1988).

(112) DENTI, Vittorio. Valori costituzionali e cultura processuale. *Rivista di Diritto Processuale,* Padova, CEDAM, v. 39, 2. serie, p. 443-464, 1984, em especial, p. 448-450.

(113) CAPPELLETTI, Mauro. Formazioni social e interessi di gruppo davanti ala giustizia civile. *Rivista di Diritto Processuale,* Padova, CEDAM, n. 30, p. 365, 1975. Em outra obra, Cappelletti incursiona sobre o histórico da massificação da sociedade: "Os fenômenos do nascimento do *Welfare state* e do crescimento dos ramos legislativo e administrativo foram por si mesmos, obviamente, o resultado de um acontecimento histórico de importância ainda mais fundamental: a revolução industrial, com todas as suas amplas e profundas consequências econômicas, sociais e culturais. Essa grandiosa revolução assumiu uma característica que se pode sintetizar numa palavra certamente pouco elegante, mas assaz expressiva: 'massificação'. Todas as sociedades avançadas do nosso mundo contemporâneo são, de fato, caracterizadas por uma organização econômica cuja produção, distribuição e consumo apresentam proporções de massa. Trata-se de característica que, por um lado, amplamente ultrapassa o simples setor econômico, para se referir também às relações, comportamentos, sentimentos e conflitos sociais" (CAPPELLETTI, Mauro. *Juízes Legisladores?* Trad. Carlos Alberto Alvaro de Oliveira. Porto Alegre: Fabris, 1993. p. 56-57).

(114) "Não é que as coisas não existiam, nós não as observávamos", conforme ROCHA, Leonel Severo. Observações sobre autopoiese, normativismo e pluralismo jurídico. *Constituição, Sistemas Sociais e Hermenêutica:* Programa de Pós-Graduação em Direito da UNISINOS: mestrado e doutorado. Porto Alegre: Livraria do Advogado, 2008. p. 177.

(115) Retratando essa problemática, Wilson Engelman chama atenção para a importância do diálogo entre todas as fontes do direito e retrata algumas problemáticas sobre o espaço de produção normativa das nanotecnologias, que geram um "'pluralismo policêntrico', onde os fatos sociais poderão ser recepcionados pelo jurídico e com

também é mais complexa, sobretudo, porque não terá caráter meramente individual, mas transindividual[116], mundo jurídico ainda repleto de questões novas.

Cappelletti[117] exemplifica a problemática dos direitos difusos perguntando de quem é o ar que se respira e responde que o antigo modelo de iniciativa processual, monopolisticamente centrada nas mãos de somente um sujeito detentor do respectivo direito subjetivo, se revela impotente diante dos direitos que pertencem, ao mesmo tempo, a todos e a ninguém.

Também abordando essa problemática, Denti[118] destaca que a noção de *"interessi"* não se enquadra perfeitamente no conceito de direito subjetivo, cristalizado em uma secular elaboração jurisprudencial, a ponto de se pensar ser impossível, sem uma profunda reforma, dar acesso à tutela de interesses diferenciados e conclui que há certo conformismo da doutrina, pouco propensa a abandonar o quadro habitual do processo constituído na base de uma concepção individualista, de tradição codicista (herança liberal), além da forte resistência dos intérpretes.

Veja-se que a inviabilidade de tratamentos processuais diferenciados da tutela jurisdicional do Estado Liberal tem por base a suposta "neutralidade" que domina a construção da ciência processual, dedicada a grandes arquiteturas conceituais (conforme abordado no item 1.1 *supra*).

A tutela jurisdicional contemporânea, notadamente nos casos envolvendo direitos transindividuais, não permite mais a suposta neutralidade da tutela jurisdicional, nem do juiz, exigindo tutelas jurisdicionais diferenciadas que deem tratamentos processuais não "igualizadores", mas diversificados, de acordo com as diferentes realidades econômicas e sociais da atualidade. A passagem abaixo, proclamada por Taruffo, ilustra, avança e completa essa ideia:

> Nessas situações em via de transformação, ou já transformadas, altera--se inevitável e profundamente a missão do juiz e, consequentemente, os componentes, as peculiaridades e as estruturas de seu raciocínio. Além disso, neste mundo globalizado é inevitável que o juiz se veja ao centro de muitos problemas novos e no ponto de encontro de tendências diferentes e conflitantes: cabe por isso às cortes a tarefa de resolver os conflitos entre valores universais e regras cada vez mais gerais, de um lado, e, de outro, situações cada vez mais

---

uma substancial modificação nos contornos da antiga concepção de suporte fático" (ENGELMANN, Wilson. O diálogo entre as fontes do direito e a gestão do risco empresarial gerado pelas nanotecnologias: construindo as bases à juridicização do risco. *Constituição, Sistemas Sociais e Hermenêutica:* Programa de Pós-graduação em Direito da UNISINOS: mestrado e doutorado. Porto Alegre: Livraria do Advogado, 2012. p. 329-331).

(116) Cappelletti sustenta que esse novo tipo de tutela é a mais profunda mudança na evolução do direito processual da época contemporânea (CAPPELLETTI, Mauro. Formazioni social e interessi di gruppo davanti ala giustizia civile. *Rivista di Diritto Processuale*, Padova, CEDAM, n. 30, p. 365-366, 1975).

(117) CAPPELLETTI, Mauro. Formazioni social e interessi di gruppo davanti ala giustizia civile. *Rivista di Diritto Processuale*, Padova, CEDAM, n. 30, p. 372, 1975.

(118) DENTI, Vittorio. Aspetti processuali della tutela dell'ambiente. *In: Studi in memoria di Salvatore Satta*. Padova: CEDAM, 1982. v. 1, p. 457 e 461.

particulares e culturalmente individualizadas. [...] Assim como o juiz não é mais (admitindo-se que em algum tempo ele o haja realmente sido) a boca *inanimada* da lei, teorizada por MONTESQUIEU, nem um passivo aplicador de normas simples mediante deduções formais, ele não é mais (admitindo-se que em algum tempo ele o haja realmente sido) um passivo usuário de noções metajurídicas fornecidas *ready made* pela experiência coletiva, ou um elementar consumidor de regras e critérios dispostos de modo claro, completo e coerente no depósito constituído pelo senso comum.[119]

Também retratando a inadequação da neutralidade da tutela jurisdicional, bem como a fragilidade da concepção da jurisdição meramente declarativa, passiva e mecânica, Cappelletti[120], falando especificamente dos direitos coletivos, chama atenção para o fato de que "o caráter criativo, dinâmico e ativo de um processo jurisdicional, cujos efeitos devem, por definição, ultrapassar em muito as partes fisicamente em juízo, não pode deixar de aparecer com grande proeminência".

A regulamentação de direitos que ultrapassam a esfera singular dos indivíduos surge, pioneiramente, a partir da legislação das relações coletivas de trabalho.[121] Essa concepção de interesse coletivo e a sua adaptação ao contexto constitucional republicano da Itália[122] são devidos aos estudiosos do Direito do Trabalho e, em especial, a Passareli, conforme explica Vigoriti.[123]

---

(119) TARUFFO, Michele. Senso comum, experiência e ciência no raciocínio do juiz. *Revista da pós-graduação da Faculdade de Direito da Universidade de São Paulo*, Porto Alegre, Síntese, v. 3, p. 75-102, em especial, p. 96-97, 2001.

(120) CAPPELLETTI, Mauro. *Juízes Legisladores?* Trad. Carlos Alberto Alvaro de Oliveira. Porto Alegre: Fabris, 1993. p. 61.

(121) CAPPELLETTI, Mauro. Formazioni social e interessi di gruppo davanti ala giustizia civile. *Rivista di Diritto Processuale*, Padova, CEDAM, n. 30, p. 367, 1975.

(122) Sobre o papel do sindicato no processo do trabalho, passando por um breve escorço histórico das primeiras demandas sindicais na França, que visavam à tutela de direitos individuais, bem como pelos problemas de legitimação dos sindicatos no que tange à pioneira postulação judicial de direitos coletivos dos trabalhadores, chamando a atenção para a necessidade de "desfascistização" do ordenamento das atividades das associações sindicais, tendo em vista que o aparato normativo dos sindicatos se deu pelo direito do Estado Liberal pré-fascita, ver ROMAGNOLI, Umberto. Il ruolo del sindicato nel processo del lavoro. *Rivista Trimestrale di Diritto Procedura Civile*, Milano, Giuffrè, v. 28, 2. serie, p. 154-172, em especial, p. 157-160 e 163, 1974. Para o estudo dessa matéria no Brasil, ver: VIANNA, Luiz Werneck. *Liberalismo e Sindicato no Brasil*. 4. ed. Belo Horizonte: UFMG, 1999. Note-se que a formação do Direito Coletivo do Trabalho, no Brasil, tem forte influência italiana, tendo a Consolidação das Leis do Trabalho (1943) sido espelhada, em vários aspectos, na *Carta del lavoro* (1927), época em que a Itália, importa contextualizar, estava sob o regime totalitário do fascismo (MORAES, Evaristo de. *Apontamentos de direito operário*. 4. ed. São Paulo: LTr, 1998. p. 109). Na experiência totalitária, o trabalhador é visto englobadamente junto com a empresa. Os interesses dos trabalhadores e dos empresários não são vistos como conflitantes, mas como uma conjugação no intuito de reforçar o papel do Estado. Os cidadãos não têm representação individual, mas segundo o "corpo" social a que pertencem. Por essa razão, a representação é corporativa, não democrática. Os reflexos dessa visão aparecem na *Carta del lavoro* (Itália, 1927) e na lei de trabalho do III Reich (Alemanha, 1933), conforme COIMBRA, Rodrigo; ARAÚJO, Francisco Rossal de; Direito do Trabalho: evolução do modelo normativo e tendências atuais na Europa. *Revista LTr*, São Paulo, LTr, a. 73, t. 2, n. 08, p. 958, ago. 2009.

(123) VIGORITI, Vicenzo. *Interessi collettivi e processo*: la legittimazione ad agire. Milão: Giuffrè, 1979. p. 31 e 44-46. Nesse sentido, Cappelletti diz que o primeiro movimento nessa trilha ocorreu no campo sindical, com base, sobretudo, no *statuto dei lavoratori*, que reconheceu, com uma certa amplitude, a legitimação da associação sindical, para agir na tutela dos interesses coletivos dos trabalhadores (CAPPELLETTI, Mauro. Formazioni social e interessi di gruppo davanti ala giustizia civile. *Rivista di Diritto Processuale*, Padova, CEDAM, n. 30, p. 392-393, 1975). Kahn-Freund, batizado como o "pai" do moderno direito do trabalho britânico (conforme Guido Zangari na

Sublinhe-se que essa preocupação não se restringe ao direito processual, mas também ao direito privado, que deixa o caráter de tutela exclusiva do indivíduo para "socializar-se" e inserir, na atividade privada, a consideração do interesse coletivo. A atividade econômica já transcende as fronteiras das relações entre indivíduos e penetra no centro do corpo social, passando o Estado a intervir na atividade econômica, por meio de uma série de limitações à organização e ao exercício dessa atividade. O contrato, outrora a máxima expressão da vontade individual, também passa a sofrer limitações. No âmbito da responsabilidade, há também importante evolução (pré-contratual, contratual e extracontratual), "no qual se assistiu à lenta transformação da figura vetusta — e decididamente egoísta e individualista — do *bonus pater familia* romano"[124], símbolo do individualismo.

O Direito Privado, assim "socializado" e "constitucionalizado", é, com certeza, diverso do Direito Privado do *Code Napoléon*, este que exaure a sua tutela, por um lado, no direito subjetivo (sobretudo, na propriedade) ou, antes, no seu titular, e, por outro lado, na vontade individual (sobretudo, no contrato), ainda que esses institutos privatísticos tradicionais continuem sendo importantes.[125]

Windscheid, Jhering e Jellinek, quando elaboram as suas teorias clássicas sobre o direito subjetivo (teoria da vontade, teoria do interesse e teoria mista, respectivamente), estão pensando apenas em direito individual, no máximo, ampliando um pouco para pessoas jurídicas, mas jamais pensam em interesse geral. Interesse geral, nessa época, cabe à Administração Pública (não à Jurisdição). Exemplificando, Tesheiner explica que a tutela difusa do meio ambiente, até a criação da ação civil pública, era matéria exclusiva da Administração Pública.[126]

A ideia de irradiação, de interligação entre o direito público e o direito privado, segundo a qual o direito não comporta mais separações radicais, referida por Ludwig Raizer[127], em seu célebre ensaio — *O Futuro do Direito Privado* —, está muito presente na tutela dos direitos difusos e coletivos. Tratando da relação existente entre direito

---

apresentação da tradução italiana de *Labour and the Law*, de 1972), demonstra, desde o sumário de sua obra, a importância do direito coletivo do trabalho no sistema de *common Law*, em especial, na Inglaterra, que pode ser sintetizado nessa passagem: "L'evoluzione di un ordinato e sino ad oggi ben funzionante (soprattutto se messo a confronto con altri paesi) sistema di relazioni sindacali, è certo una delle più grandi conquiste della civiltà britannica." (KAHN-FREUND, Otto. *Il lavoro e la legge*. Milano: Giuffrè, 1974. p. 5)

(124) GIORGIANNI, Michele. O direito privado e as suas atuais fronteiras. *Revista dos Tribunais*, São Paulo, Revista dos Tribunais, n. 747. p. 49-50, jan. 1998.

(125) GIORGIANNI, Michele. O direito privado e as suas atuais fronteiras. *Revista dos Tribunais*, São Paulo, Revista dos Tribunais, n. 747, p. 47, 48, 49, 50 e 51, jan. 1998.

(126) "Jurisdicionalizou-se essa matéria, permanecendo, porém, sua natureza essencialmente administrativa, podendo-se dizer que as ações relativas a direitos difusos são jurisdicionais apenas pela forma dialética do processo" (TESHEINER, José Maria Rosa; MILHORANZA, Mariângela Guerreiro. *Temas de Direito e Processos Coletivos*. Porto Alegre: HS Editora, 2010. p. 43).

(127) RAIZER, Ludwig. O futuro do Direito Privado. *Revista da Procuradoria Geral do Estado*, Porto Alegre, Instituto de Informática Jurídica, n. 25. p. 21, 1979. Sobre a interpretação sistemática e a superação da dicotomia rígida entre direito público e direito privado, "redimensionada como campo nobre de incidência e de concretização dos princípios e regras constitucionais", ver FREITAS, Juarez. *A interpretação sistemática do direito*. 5. ed. São Paulo: Malheiros, 2010. p. 227-228.

público e privado, Raizer diz que não se mostra apropriada a velha concepção de dois círculos fechados e interseccionados, nem a proposta de fundir ambos em um sistema unitário de Direito Comum — sustentando a necessidade de o direito privado não perder sua especificidade, ainda que sofrendo o influxo das opções valorativas do legislador constituinte —, mas o quadro seria de uma elipse com dois focos de irradiação, entre os quais aparece um campo intermediário, influenciado pelos dois centros. Os direitos transindividuais são o suprassumo dessa interpenetração, a ponto de tornar irrelevante e pouco produtiva a separação do que é público e privado.[128]

Com a mesma linha de pensamento, Cappelletti[129] afirma que os direitos transinviduais (ele usa a expressão *interessi meta-individual*) superam a *summa divisio* entre direito público e direito privado, em face das novas e múltiplas integrações de interesses públicos e privados no contexto de tutela desses direitos, advertindo para o fato de o caráter artificial e irreal da *summa divisio* estar muito enraizado — *"la vischiostità dei vechhi schemi conceituali non ha cessato di manifestarsi"*.

Nesse sentido, Pugliatti[130] diz que os interesses coletivos (*gli interessi collettivi*) se assentam em posição intermediária, entre o direito público e o direito privado, salientando que se deve distinguir o interesse coletivo do interesse comum: enquanto o interesse comum é o interesse de qualquer um dos sujeitos do grupo considerados individualmente, o interesse coletivo é de qualquer um e de todos os componentes da coletividade ao mesmo tempo — é individual e transindividual (*extra* ou *superindividuale*), contudo, sem ser geral.

Afirmando faltar valia à divisão público-privado para os direitos transindividuais, Vigoriti[131] pondera ser de pouquíssima utilidade o esforço classificatório, pois o fenômeno coletivo não é, por si só, nem apenas público nem apenas privado, ainda que possa resguardar ora interesse público, ora interesse privado, tendo em vista que se trata de dado contingente, suscetível de variação, como no exemplo da tutela do meio ambiente.

Note-se que, entre os séculos XIX e XX, nega-se autonomia à noção de interesse coletivo, no sentido de que os interesses coletivos são considerados (e positivamente disciplinados) como soma de direitos individuais. Tal expressão traduz o entendimento da doutrina liberal de negar relevância ao coletivo e de impor, de certo modo, a sua composição, somente uma série de interesses e de relações individuais. Essa primeira concepção aceita os interesses coletivos apenas como somatório de direitos individuais, não fusão ou harmonização de maneira unitária.[132]

Próxima a essa primeira concepção, que é a prevalente, encontra-se uma segunda concepção do fenômeno coletivo, segundo a qual o interesse coletivo é a síntese dos interesses

---

(128) VIGORITI, Vicenzo. *Interessi collettivi e processo: la legittimazione ad agire*. Milão: Giuffrè, 1979. p. 34-36.
(129) CAPPELLETTI, Mauro. Formazioni social e interessi di gruppo davanti ala giustizia civile. *Rivista di Diritto Processuale*, Padova, CEDAM, n. 30, p. 361-402, em especial, p. 364 e 372-373, 1975.
(130) PUGLIATTI, Salvatore. Diritto pubblico e privato. In: *Enciclopedia del diritto*, Milano, Giuffrè, 1964. v. XII, p. 701.
(131) VIGORITI, Vicenzo. *Interessi collettivi e processo*: la legittimazione ad agire. Milão: Giuffrè, 1979. p. 34-36.
(132) *Ibidem*, p. 44.

individuais, como algo independente, mais do que a simples adição de direitos individuais. Essa noção de interesse coletivo estranha, em muitos aspectos, à tradição liberal clássica, embora considerada bastante incerta e confusa por autores do início do século XX, encontra ambiente adequado para a sua aceitação com a organização corporativa da produção e do trabalho imposta a partir de meados da década de 1920, pois tal experiência é consubstanciada pela noção de categoria, constituída por trabalhadores que exercem atividades produtivas do mesmo tipo. Esse interesse coletivo é o interesse de todos que fazem parte da mesma categoria, que não é uma abstração, sendo a ela que pertence o interesse coletivo.[133]

Essa concepção de direito coletivo como uma combinação de direitos individuais, dotados de indivisibilidade, no sentido de que o interesse coletivo é satisfeito não mais por bens que atendam a necessidade individual, mas de um único bem adequado às necessidades da comunidade, corresponde ao que atualmente se chama de direitos coletivos *stricto sensu*.

Na América Latina, o legislador brasileiro é um dos principais protagonistas da "revolução" mencionada por Cappelletti e Garth em prol da criação de instrumentos de tutela coletiva. Essa "revolução" brasileira nos domínios dos direitos de natureza coletiva começa ainda na década de 1960 e culmina na atualidade.[134]

No Brasil, conceitualmente, os direitos transindividuais são direitos indivisíveis e não possuem titularidade individual determinada, porque não pertencem a indivíduos isolados, mas a grupos, categorias ou classe de pessoas, diferentemente dos direitos individuais (ainda que homogêneos), que são divisíveis e têm titulares juridicamente certos[135], embora tenham origem comum, advertindo Zavascki[136] que "não se pode confundir a eventual *impossibilidade prática* de identificar os titulares dos direitos subjetivos homogêneos com a *inexistência* de titular individual ou com a *indivisibilidade* (jurídica e material) *do próprio direito*".

A gênese dessa proteção coletiva de direitos individuais (homogêneos) tem origem nas *class actions for damages* estadunidenses[137], pensadas para tutelar jurisdicionalmente *"not as isolated events but, instead, as part of a larger aggregate — in particular, when wrongdoing on a mass scale gives rise to the potential for large numbers of civil claims that exhibit*

---

(133) VIGORITI, Vicenzo. *Interessi collettivi e processo*: la legittimazione ad agire. Milão: Giuffrè, 1979. p. 31 e 44-46.

(134) ZAVASCKI, Teori Albino. *Processo coletivo:* tutela de direitos coletivos e tutela coletiva de direitos. 4. ed. São Paulo: Revista dos Tribunais, 2009. p. 36-37.

(135) MOREIRA, José Carlos Barbosa. Tutela jurisdicional dos interesses coletivos e difusos. *Revista de Processo*, São Paulo, Revista dos Tribunais, n. 39, p. 74, jul. 1995; DIDIER JÚNIOR, Fredie; ZANETI JÚNIOR, Hermes. *Curso de Direito Processual Civil:* Processo Coletivo. 5. ed. Salvador: JusPodivm, 2010. v. 4, p. 73-75; GIDI, Antônio. *Coisa julgada e litispendência em ações coletivas*. São Paulo: Saraiva, 1995. p. 20-22.

(136) ZAVASCKI, Teori Albino. *Processo coletivo:* tutela de direitos coletivos e tutela coletiva de direitos. 4. ed. São Paulo: Revista dos Tribunais, 2009. p. 36-37.

(137) Essa referência foi feita porque existem outros modelos de *class actions*, com diferenciais. Sobre o histórico e a evolução da *class action* no Canadá, ver: JONES, Craig. *Theory of class actions:* optimal aggregation in mass tort litigantion. Toronto: Irwin Law, 2003.

varying degrees of similarity" (homogeneidade).[138] O tratamento processual coletivo dado aos direitos individuais homogêneos é uma criação do ordenamento jurídico brasileiro, com a finalidade de possibilitar a proteção coletiva de direitos individuais de massa de forma uniforme (homogênea), visando a evitar decisões diferentes e a diminuir o número de processos individuais.

Hoje, as fronteiras das duas espécies que compõem os direitos transindividuais estão legalmente delimitadas, sendo difuso o direito que abrange número indeterminado de pessoas unidas por um mesmo fato (exemplo: direito ao meio ambiente ecologicamente equilibrado — CF, art. 225), enquanto os direitos coletivos são os pertencentes a grupos ou categorias de pessoas determináveis unidas por uma mesma base jurídica, "tendo como característica principal a ligação com o fenômeno associativo, dirigindo-se aos fins sociais dos grupos"[139] (exemplo: direito de classe dos advogados de terem representação na composição dos Tribunais — CF, art. 94).[140]

Direitos difusos e coletivos são indivisíveis, todavia, os direitos difusos não se fundam em vínculo jurídico determinado e baseiam-se apenas em dados de fato, "genéricos e contigentes, acidentais e mutáveis, referindo-se a bens insuscetíveis de apropriação exclusiva" (outro exemplo: direito à proteção do patrimônio histórico); e os coletivos situam-se no âmbito de uma determinada coletividade de pessoas, e somente aí, em razão de um vínculo jurídico entre os componentes do grupo (outro exemplo: o direito de uma associação de produtores de leite).[141]

Denti[142], entre outros[143], define que a indeterminação é a nota distintiva dos direitos difusos e a determinação dos direitos coletivos. Ressalva Zavascki que a determinação

---

(138) NAGAREDA, Richard A. *The Law of class actions and other aggregate litigation*. New York: Foudation Press, 2009. p. 1-41, em especial, p. 1. Sobre o histórico da *class action* na doutrina estrangeira, entre outros, ver também: KLONOFF, Robert H. *Class Actions and other multi-party litigation*. Third edition. St. Paul: Thomson-West, 2007; CAPPELLETTI, Mauro. Formazioni social e interessi di gruppo davanti ala giustizia civile. *Rivista di Diritto Processuale*, Padova, CEDAM, n. 30, p. 388, 1975; DENTI, Vittorio. Aspetti processuali della tutela dell'ambiente. *In: Studi in memoria di Salvatore Satta*. Padova: CEDAM, 1982. v. 1, p. 454. Na doutrina nacional, ver por exemplo: GIDI, Antonio. Class Actions in Brazil: A model for Civil Law Countries. *The American Journal of Comparative Law*, v. 51, n. 2 (Spring 2003). p. 311-408; LEAL, Márcio Flávio Mafra. *Ações coletivas:* história teoria e prática. Porto Alegre: Fabris, 1998. p. 17-35; TORRES, Artur Luis Pereira. Histórico. *In:* TESHEINER, José Maria Rosa (Org.). *Processos Coletivos*. Porto Alegre: HS Editora, 2012. p. 43; ZAVASCKI, Teori Albino. *Processo coletivo:* tutela de direitos coletivos e tutela coletiva de direitos. 4. ed. São Paulo: Revista dos Tribunais, 2009. p. 23-29.

(139) Conforme FRADE, Péricles. *Conceito de interesses difusos*. São Paulo: Revista dos Tribunais, 2009. p. 39.

(140) ZAVASCKI, Teori Albino. *Processo coletivo:* tutela de direitos coletivos e tutela coletiva de direitos. 4. ed. São Paulo: Revista dos Tribunais, 2009. p. 37.

(141) Conforme MITIDIERO, Daniel; ALVARO DE OLIVEIRA, Carlos Alberto. *Curso de processo civil*. São Paulo: Atlas; 2012. v. 2, p. 290.

(142) *"Anzi, si ritiene che gli interessi diffusi si distinguano dagli interesse collettivi per essere interessi adespoti, ossia per non avere un portatore"*, conforme DENTI, Vittorio. Aspetti processuali della tutela dell'ambiente. *In: Studi in memória di Salvatore Satta*. Padova: CEDAM, 1982. v. 1, p. 449.

(143) Nessa linha, no Brasil, entre outros: MILARÉ, Edis. *Ação civil pública na nova ordem constitucional*. São Paulo: Saraiva, 1990. p. 27-28; DELGADO, José Augusto. Interesses difusos e coletivos: evolução conceitual. Doutrina e jurisprudência do STF. *Revista de Processo*, São Paulo, Revista dos Tribunais, n. 98, p. 81, abr.-jun. 1999; LEITE, José Rubens Morato. *Dano ambiental:* do individual ao coletivo extrapatrimonial. São Paulo: Revista dos Tribunais, 2000. p. 238.

dos titulares dos direitos coletivos é relativa, ou seja, não possuem titular individual.[144] E a semelhança de ambos (que compõem o gênero denominado direitos transindividuais) é a indivisibilidade jurídica e material do próprio direito, ou seja, tal direito não pode ser satisfeito nem lesado senão em forma que afete todos os possíveis titulares.[145]

De acordo com Colaço Antunes[146], o interesse difuso (na expressão do autor) é aquele que tem como uma de suas características a privação do seu portador, do seu titular específico, sendo, portanto, substancialmente *anônimo*, conceituando-o como: "o interesse, juridicamente protegido, de uma pluralidade indeterminada ou indeterminável de sujeitos que, potencialmente, pode incluir todos os participantes da comunidade".

Aduz Benjamin[147] que, nos direitos e interesses difusos, a pluralidade de sujeitos chega ao ponto de "se confundir, muitas vezes com a comunidade", característica que ele denomina de "transindividualidade real ou essencial ampla", que se dá quando o número de pessoas ultrapassa a esfera de atuação dos indivíduos isoladamente considerados, para levá-la a uma dimensão coletiva.

Essas características são cruciais para a comparação dos direitos transindividuais com os direitos individuais — que possuem hegemonia incontestável há muitos séculos —, cujos reflexos aparecem na conceituação e nos efeitos da grande maioria dos institutos de direito material e de direito processual brasileiros.[148]

O arraigamento histórico e cultural dos direitos individuais, que se procurou demonstrar em itens próprios acima, é um dos principais óbices para a aceitação e a adequada tutela (material e processual) dos direitos transindividuais, que provocaram e continuam provocando uma profunda transformação, a qual precisa acompanhar a tendência evolutiva do mundo contemporâneo e dar respostas mais efetivas à sociedade.

No âmbito dos direitos transindividuais, a tutela repressiva de ilícitos e a tutela ressarcitória na forma em dinheiro, que se encaixavam perfeitamente no esquema liberal clássico (conforme estudado no item 1.2), deixam de ser as tutelas jurisdicionais preferenciais, dadas as características específicas dessa classe de direitos, e passam a ser usadas apenas residualmente, quando não for possível impedir o ilícito, preferencialmente,

---

(144) ZAVASCKI, Teori Albino. *Processo coletivo:* tutela de direitos coletivos e tutela coletiva de direitos. 4. ed. São Paulo: Revista dos Tribunais, 2009. p. 37.

(145) Delgado manifesta entendimento diverso, sustentando que a indivisibilidade "não é característica indispensável a um interesse coletivo e também não seria quanto a um difuso" (DELGADO, José Augusto. Interesses difusos e coletivos: evolução conceitual. Doutrina e jurisprudência do STF. *Revista de Processo*, São Paulo, Revista dos Tribunais, n. 98, p. 75, abr.-jun. 1999).

(146) ANTUNES, Luís Felipe Colaço. *A tutela dos interesses difusos em direito administrativo:* para uma legislação procedimental. Coimbra: Almedina, 1989. p. 19.

(147) BENJAMIN, Antônio Herman. A insurreição da aldeia global *versus* o processo civil clássico. In: *Textos:* ambiente e consumidor. Lisboa: Centro de Estudos Judiciários, 1996. v. 1, p. 92-96.

(148) Após um aprofundado escorço histórico da jurisdição na tradição romano-germânica tendo em vista o direito material e o direito processual, Ovídio Baptista dispara: "Quem se der ao trabalho de considerar esse terrível descompasso entre as exigências e aspirações contemporâneas, e o instrumental de que os processualistas dispõem, terá condições de compreender e avaliar a dimensão da crise de nossas instituições judiciárias" (BAPTISTA DA SILVA, Ovídio Araújo. *Jurisdição e execução na tradição romano-canônica.* 3. ed. Rio de Janeiro: Forense, 2007. p. 142).

antes de os danos ocorrerem (tutela jurisdicional preventiva ou inibitória). Além disso, a tutela ressarcitória passa a ser, preferencialmente, na forma específica ou *in natura*, sendo o ressarcimento em dinheiro ou pelo equivalente a forma residual, visando a cumprir, integralmente, o Direito objetivo.

Nessa linha, Denti[149] fala em uma importante mudança de perspectiva na tutela de direitos, notadamente aplicável aos direitos coletivos e difusos (mas também aos direitos individuais, homogêneos ou não), que é a tutela inibitória[150], suscetível de maior desenvolvimento no campo da tutela ambiental[151], segundo o autor, porquanto não somente faz cessar um comportamento ilícito, mas também previne um iminente ilícito, impondo um determinado comportamento para o futuro, prescindindo da ocorrência de dano.

Após argumentar que ter direito — ou uma posição jurídica protegida — é, antes de tudo, ter direito a uma forma de tutela que seja capaz de impedir ou inibir a violação do direito, Marinoni[152] defende que essa forma de tutela (inibitória) é importante, sobretudo, para os direitos não patrimoniais, isto é, para os direitos que não podem ser reparados por um equivalente monetário, aduzindo que não há como se pensar em direito à honra ou à intimidade sem tutela inibitória e, do mesmo modo, o direito ambiental simplesmente não existiria sem essa forma de tutela, afirmando, ainda, que a tutela inibitória nada tem a ver com a legislação processual, pois é uma forma de tutela de direitos (parte integrante do direito material) e a legislação processual tem apenas o dever de instituir "técnicas processuais" que sejam capazes de viabilizar a obtenção da tutela prometida pelo direito material, como a técnica antecipatória e a sentença mandamental.

Na trilha de reaproximação entre o direito material e o direito processual[153], Denti[154] assenta que a doutrina processualística, até então, tinha cometido o erro de ignorar as tutelas específicas, como regra, talvez pela falta de hábito de relacionar o processo e o direito material, consequência negativa da tendência da modernidade de exagerar a autonomia conceitual do fenômeno processual.

---

(149) DENTI, Vittorio. Aspetti processuali della tutela dell'ambiente. *In: Studi in memoria di Salvatore Satta*. Padova: CEDAM, 1982. v. 1, p. 445-461, em especial, p. 452.

(150) MARINONI, Luiz Guilherme. *Tutela inibitória:* individual e coletiva. 2. ed. São Paulo: Revista dos Tribunais, 2000. p. 249-380.

(151) Todavia, o autor dá outros exemplos de aplicabilidade importante da tutela inibitória em direitos transindividuais, como em matéria de propaganda eleitoral (DENTI, Vittorio. Aspetti processuali della tutela dell'ambiente. *In: Studi in memoria di Salvatore Satta*. Padova: CEDAM, 1982. v. 1, 1982. p. 445-461, em especial, p. 458).

(152) MARINONI, Luiz Guilherme. *Teoria geral do processo*. 4. ed. São Paulo: Revista dos Tribunais, 2010. p. 251-252.

(153) Na doutrina italiana, por exemplo: DENTI, Vittorio. Valori costituzionali e cultura processuale. *Rivista di Diritto Processuale*, Padova, CEDAM, v. 39, 2. serie, p. 443-464, em especial, p. 462, 1984; CAPPELLETTI, Mauro. *Juízes Legisladores?* Trad. Carlos Alberto Alvaro de Oliveira. Porto Alegre: Fabris, 1993. p. 13. Na doutrina nacional, por exemplo: TESHEINER, José Maria Rosa. Reflexões politicamente incorretas sobre direito e processo. *Revista da AJURIS*, Porto Alegre, n. 110, p. 192, jun. 2008; MARINONI, Luiz Guilherme. *Tutela inibitória:* individual e coletiva. 2. ed. São Paulo: Revista dos Tribunais, 2000. p. 395-396.

(154) DENTI, Vittorio. Aspetti processuali della tutela dell'ambiente. *In: Studi in memória di Salvatore Satta*. Padova: CEDAM, 1982. v. 1, p. 445-461, em especial, p. 452. Em outro artigo, o autor chama atenção para a necessidade de se racionalizar as tutelas diferenciadas. DENTI, Vittorio. Valori costituzionali e cultura processuale. *Rivista di Diritto Processuale*, Padova, CEDAM, v. 39, 2. serie, p. 443-464, em especial, p. 462, 1984.

Para a tutela ressarcitória em dinheiro, o processo do Estado Liberal escolheu a sentença condenatória[155] e esse tipo de sentença não é adequada à prestação da tutela específica, pois não atende às diferentes necessidades das pessoas e dos direitos, limitando-se a fazer a equivalência de tudo em dinheiro. Reportando à impotência da sentença condenatória em relação a situações subjetivas não patrimoniais (muitas vezes, em relações continuativas), geralmente vinculadas a obrigações de não fazer ou de fazer infugíveis, Pisani[156] sustenta que a base do problema está na concepção a partir de uma necessária correlação entre a condenação e a execução forçada[157], da qual surgem duas relevantes consequências: a) a absoluta inadequação mediante a reparação pelo equivalente monetário no que tange aos direitos não patrimoniais; b) a sentença condenatória pode exercitar somente uma função repressiva da violação já efetuada, nunca uma função de tutela visando à prevenção da violação (tutela preventiva).[158]

Em face da inefetividade da tutela jurisdicional condenatória para concretizar os direitos transindividuais da forma mais adequada às suas peculiaridades, especialmente nas questões de conteúdo não patrimonial, que passaram a exigir a imposição de condutas de fazer e, sobretudo, de não fazer, tem-se a tutela jurisdicional mandamental como a mais apropriada.[159]

---

(155) Observam Arenhart e Marinoni a 'falsa suposição de que a sentença condenatória é tutela jurisdicional do direito', assim explicando: "a doutrina clássica, mediante um exercício de abstração, desligou a prestação jurisdicional do direito material, tornando a condenação mera *fase* da tutela jurisdicional do direito, porém imprescindível à propositura da ação de execução e, assim, à realização do direito de crédito" (ARENHART, Sérgio Cruz; MARINONI, Luiz Guilherme. *Execução*. 3. ed. São Paulo: Revista dos Tribunais, 2011. p. 33-34).

(156) PISANI, Andrea Proto. Appunti sulla tutela di condanna. *Rivista Trimestrale di Diritto Procedura Civile*, Milano, Giuffrè, v. 32, n. 3-4, p. 1.104-1.210, em especial, p. 1.117-1.123, 1978. Argumentando sobre observações de Pontes de Miranda acerca do conceito de pretensão de Windscheid, Ovídio Baptista diz que "ao generalizar o conceito de pretensão, estaria, *ipso facto,* a generalizar o conceito de direito das obrigações, para toda e qualquer relação jurídica, como se todo o direito material correspondesse a uma relação de débito-crédito, pois esse é definitivamente o problema fundamental de que decorre a universalização das ações e sentenças condenatórias" (BAPTISTA DA SILVA, Ovídio Araújo. *Jurisdição e execução na tradição romano-canônica*. 3. ed. Rio de Janeiro: Forense, 2007. p. 7). Retratando essa problemática, Marinoni usa a expressão "esgotamento do conceito de sentença condenatória" e argumenta amplamente nesse sentido, conforme MARINONI, Luiz Guilherme. *Técnica processual e tutela dos direitos*. São Paulo: Revista dos Tribunais, 2004. p. 113-132.

(157) Nesse sentido, Marinoni fala na eliminação da necessidade de instauração do processo de execução para a execução forçada do direito, esclarecendo que "algumas sentenças, relacionadas a direitos reais ou voltadas à recuperação da coisa — com as de imissão na posse, reivindicatória, de reintegração de posse e de despejo —, já eram classificadas, muito antes da inserção do art. 461-A no CPC, como executivas *lato sensu*" (MARINONI, Luiz Guilherme. *Técnica processual e tutela dos direitos*. São Paulo: Revista dos Tribunais, 2004. p. 119).

(158) Sobre a correlação necessária entre a condenação e a execução forçada, ver também: MANDRIOLI, Crisanto. Sulla correlazione necessaria tra condana ed eseguibilità forzata. *Rivista Trimestrale di Diritto e Procedura Civile*, Milano, Giuffrè, p. 1.342 e ss., 1976.

(159) MARINONI, Luiz Guilherme. *Técnica processual e tutela dos direitos*. São Paulo: Revista dos Tribunais, 2004. p. 117 e 123-124. O autor esclarece que a sentença mandamental é utilizada no direito brasileiro há bastante tempo, em razão das particularidades de determinados procedimentos especiais, como o do interdito proibitório, entretanto, foram as novas necessidades de tutela jurisdicional, especialmente as marcadas por conteúdo não patrimonial, que passaram a exigir a imposição de condutas de não fazer e, por consequência, a sentença mandamental (p. 117).

A tutela jurisdicional mandamental encontra seu campo específico de aplicação quando se trata de agir sobre a vontade da parte demandada e não sobre seu patrimônio.[160] Trata-se de tutela jurisdicional que não é autossuficiente[161] (assim como a condenatória), porque exige atos materiais posteriores, para outorgarem satisfação àqueles que pedem proteções jurisdicionais, mas que não podem ser definidas como condenatórias, porque se trata de atos que não têm natureza executiva (não consistem na subtração de bens do devedor para satisfazer o credor).

Assim, é mandamental a sentença que contém mandado do juiz, diverso da condenação, ou nas palavras de Pontes de Miranda: "O *conteúdo* da ação de mandamento é obter mandado do juiz, que se não confunde com o efeito executivo sentença de condenação".[162] Em essência, "mandamental é o ato que cria dever", conforme definição de Tesheiner,[163] e a imediata criação de dever enquadra-se muito bem nas necessidades e na finalidade da tutela jurisdicional dos direitos transindividuais.

A ordem judicial (mandamento), para ter efetividade, deve prever medidas de coerção para caso de descumprimento, e a técnica prevista na lei brasileira para induzir à efetivação da tutela mandamental e compelir o demandado a praticar o ato ou abster-se de fazê-lo é a aplicação de multa diária (art. 461, § 4º, do Código de Processo Civil). A multa nada tem a ver com os danos, pode ser decretada de ofício e não possui caráter sancionatório ou indenizatório, mas de "técnica de coerção patrimonial, para captação da vontade do obrigado", nas palavras de Alvaro de Oliveira.[164]

A possibilidade de o juiz impor multa ao proferir sua sentença "implicou na quebra da regra de que o Judiciário não poderia exercer poder de *imperium*", na lição de Marinoni[165], que acrescenta: "a sentença atrelada à multa, portanto, tem significado completamente diverso atribuído à sentença condenatória pelo direito liberal clássico". Essa nova perspectiva de tutela jurisdicional possui grande aplicabilidade na tutela dos direitos transindividuais, ainda que também sejam aplicáveis aos direitos individuais, na trilha contemporânea de privilegiar a efetividade da jurisdição.[166]

---

(160) ALVARO DE OLIVEIRA, Carlos Alberto. *Teoria e prática da tutela* jurisdicional. Rio de Janeiro: Forense, 2008. p. 183.

(161) MITIDIERO, Daniel. *Colaboração no processo civil:* pressupostos sociais, lógicos e éticos. 2. ed. São Paulo: Revista dos Tribunais, 2011. p. 161-162.

(162) PONTES DE MIRANDA, Francisco Cavalcanti. *Comentários Código de Processo Civil.* Rio de Janeiro: Forense, 1974. p. 145. Sobre o conceito de ato jurídico mandamental, gênero de que é espécie a sentença mandamental, ver PONTES DE MIRANDA. *Tratado de Direito Privado.* Rio de Janeiro: Borsoi, 1954. t. 2, p. 461.

(163) TESHEINER, José Maria Rosa. O problema da classificação da sentença por seus efeitos. *Revista da Consultoria Geral do Estado,* Porto Alegre, n. 14, p. 41-80, 1976. Em outro artigo, o autor observa que "a extensão conceitual da sentença mandamental é inversamente proporcional à do conceito de execução. Se, no limite extremo, definimos como execução qualquer ato que implique cumprimento de sentença, não resta espaço para a ação mandamental" (TESHEINER, José Maria Rosa. Sentença mandamental (2). *Páginas de Direito*, Porto Alegre, 30 ago. 2000. Disponível em: <http://tex.pro.br/tex/listagem-de-artigos/278-artigos-ago-2000/6015-sentenca-mandamental-2> Acesso em: 17 jul. 2012; MOREIRA, José Carlos Barbosa. A sentença mandamental: Da Alemanha ao Brasil. *Revista de Processo*, São Paulo, Revista dos Tribunais, n. 97, p. 251-264, jan./mar. 2000.

(164) ALVARO DE OLIVEIRA, Carlos Alberto. *Teoria e prática da tutela* jurisdicional. Rio de Janeiro: Forense, 2008. p. 186.

(165) MARINONI, Luiz Guilherme. *Técnica processual e tutela dos direitos.* São Paulo: Revista dos Tribunais, 2004. p. 119.

(166) "Na tutela condenatória, prevalece a norma principal da segurança; na mandamental a efetividade. Mandar e condenar são verbos totalmente distintos, com consequências jurídicas bastante diferenciadas", conforme ALVARO

Outra técnica igualmente passível de ser decretada de ofício e de grande valor prático é a determinação judicial de serem realizadas "medidas necessárias", até com requisição de força policial, que conduzam à "efetivação da tutela específica" ou à "obtenção de resultado prático equivalente" ao cumprimento da obrigação, cuja regra (art. 461, § 5º, do Código de Processo Civil) elenca, de forma exemplificativa, a imposição de multa por atraso (inconfundível com a multa diária do § 4º ou a prevista no art. 14, conforme Alvaro Oliveira[167]), busca e apreensão, remoção de coisas, desfazimento de obras e impedimento de atividade nociva.

Cabe observar que a nomenclatura dada à tutela jurisdicional não é o mais importante. Nessa senda, esclarece Marinoni: "ainda que tenham surgido sentenças — a partir das necessidades sociais e do próprio CPC — completamente distintas da condenatória, parte da doutrina ainda as chama de condenatórias, como se o nome tivesse mais importância do que os conceitos e do que as realidades".[168] Isso tem ocorrido com a condenação, a partir da inefetividade dessa tutela jurisdicional para determinados direitos, especialmente extrapatrimoniais, conforme acima exposto.[169] Essa problemática de se dar mais importância ao rótulo do que ao conteúdo e a utilidade da tutela jurisdicional já foi advertida há algum tempo por Tesheiner[170]: "em grande parte é nominalista a controvérsia sobre os efeitos da sentença".

As novas funções assumidas pelo Estado, norteadas nesse ponto pelo dever de proteção dos direitos fundamentais[171], impuseram a intervenção do Estado mediante

---

DE OLIVEIRA, Carlos Alberto. *Teoria e prática da tutela jurisdicional*. Rio de Janeiro: Forense, 2008. p. 183-184. Ovídio Baptista, ao tratar das raízes do racionalismo sobre o direito, especialmente sobre o direito processual, diz que o "direito romano havia sepultado a tutela interdital, em favor da universalização do procedimento da *actio*, com sua natural consequência, a *condenatio*" e refere o "predomínio absoluto do valor segurança, em detrimento do valor justiça" (BAPTISTA DA SILVA, Ovídio Araújo. *Jurisdição e execução na tradição romano-canônica*. 3. ed. Rio de Janeiro: Forense, 2007. p. 89).

(167) ALVARO DE OLIVEIRA, Carlos Alberto. *Teoria e prática da tutela* jurisdicional. Rio de Janeiro: Forense, 2008. p. 188.

(168) MARINONI, Luiz Guilherme. *Técnica processual e tutela dos direitos*. São Paulo: Revista dos Tribunais, 2004. p. 115.

(169) Sempre é importante relembrar a lição de Pontes de Miranda de que não há sentenças puras, considerando a classificação quinária que esse autor consagrou: "Não há nenhuma ação, nenhuma sentença, que seja pura. Nenhuma é somente declarativa. Nenhuma é somente constitutiva. Nenhuma é somente condenatória. Nenhuma é somente mandamental. Nenhuma é somente executiva. PONTES DE MIRANDA, Francisco Cavalcanti. *Comentários Código de Processo Civil*. Rio de Janeiro: Forense, 1974. p. 222. A ementa do julgado abaixo ilustra a possibilidade de ação (civil pública) envolvendo direitos difusos buscar e obter efeito declaratório, constitutivo, condenatório e mandamental conjuntamente: "AÇÃO CIVIL PÚBLICA – Tutela dos interesses difusos – Efeito constitutivo, condenatório, mandamental e declaratório da ação civil pública. A tutela de direitos difusos, conforme o objetivo da ação, pode justificar o efeito constitutivo, condenatório, mandamental e declaratório da ação civil pública, uma vez que o Código de Defesa do Consumidor ampliou as hipóteses de tutela dos direitos difusos, na relação de consumo. Extinção da ação afastada com o provimento do recurso do Ministério Público. Uma vez que essa decisão é prejudicial da pretensão do réu, fica o recurso dessa parte prejudicado" (SÃO PAULO. Tribunal de Justiça do Estado de São Paulo – ApCív 229.321-1/9 – 6ª Câmara Cível – j. 29.6.1995 – rel. Aclibes Burgarelli, In: *Revista de Direito do Consumidor*, v. 22, p. 186, abr. 1997).

(170) TESHEINER, José Maria Rosa. O problema da classificação da sentença por seus efeitos. *Revista da Consultoria Geral do Estado*, Porto Alegre, n. 14, p. 41-80, 1976.

(171) Os direitos fundamentais, segundo CANOTILHO, José Joaquim Gomes. *Direito Constitucional*. 5. ed. Coimbra: Almedina, 1991. p. 552, "cumprem a função de direitos de defesa dos cidadãos sob uma dupla perspectiva: (1) constituem, num plano jurídico-objetivo, normas de competência negativa para os poderes públicos, proibindo

a proibição ou a imposição de condutas. Assim, as normas que proíbem a construção ou o despejo de lixo em determinados locais da cidade exigem a instalação de equipamento antipoluente ou impedem a venda de produto ou remédio com determinada composição e objetivam dar proteção aos direitos fundamentais. A simples exposição à venda do referido produto ou remédio, tomando-se somente os últimos exemplos, já configura ato ilícito (contrário ao direito), não tendo importância, para a tipificação desse ilícito, se houve ou não qualquer tipo de dano. Nessas hipóteses, qualquer legitimado à defesa dos direitos transindividuais[172] pode pedir a tutela de remoção dos efeitos concretos do ilícito, requerendo, como técnica processual, a busca e apreensão dos produtos ou dos remédios.[173]

Frise-se o ponto: a tutela jurisdicional contemporânea não pode mais se resignar a ressarcir danos e apenas na forma do equivalente em dinheiro, "lavando as mãos" em relação à ocorrência dos ilícitos. O direito processual do Estado Constitucional[174] é essencialmente um direito processual que se dá a partir da teoria dos direitos fundamentais[175], perspectiva que remete imediatamente ao direito fundamental à tutela jurisdicional adequada e efetiva (art. 5º, XXXV, da Constituição Federal — "a lei não excluirá da apreciação do Poder Judiciário lesão ou ameaça a direito").

Conforme Marinoni e Mitidiero[176]: "Obviamente, a proibição da autotutela só pode acarretar o dever do Estado Constitucional de prestar *tutela jurisdicional idônea aos direitos*". E arrematam os autores: "Pensar de forma diversa significa *esvaziar* não só o direito à tutela jurisdicional (plano do direito processual), mas também o próprio direito material, isto é, o *direito à tutela do direito* (plano do direito material)".

---

fundamentalmente as ingerências destes na esfera jurídica individual; (2) implicam, num plano jurídico-subjectivo, o poder de exercer positivamente direitos fundamentais (liberdade positiva) e de exigir omissões dos poderes públicos, de forma a evitar agressões lesivas por parte dos mesmos (liberdade negativa)".

(172) Conforme rol previsto no art. 5º da Lei da Ação Civil Pública e no art. 82 do Código de Defesa do Consumidor; CAPPELLETTI, Mauro. Formazioni social e interessi di gruppo davanti ala giustizia civile. *Rivista di Diritto Processuale*, Padova, CEDAM, n. 30, p. 385 e 388, 1975. Na doutrina italiana, ver também: DENTI, Vittorio. Aspetti processuali della tutela dell'ambiente. In: *Studi in memoria di Salvatore Satta*. Padova: CEDAM, 1982. v. 1, p. 452. Na doutrina nacional, ver, dentre outros: TESHEINER, José Maria Rosa; ROCHA, Raquel Heck Mariano da. Partes e legitimidade nas ações coletivas. *Revista de Processo*, São Paulo, Revista dos Tribunais, n. 180, p. 9-41, fev. 2010.

(173) Conforme MARINONI, Luiz Guilherme. *Teoria geral do processo*. 4. ed. São Paulo: Revista dos Tribunais, 2010. p. 254, Salientando a importância desse tipo de tutela de direito para a própria utilidade do dever de proteção estatal, o autor afirma que "a tutela de remoção do ilícito é imprescindível para a jurisdição dar atuação específica às normas de proteção dos direitos fundamentais. Aliás, sem esta espécie de tutela jurisdicional, o dever de proteção estatal aos direitos se tornaria impossível e o direito de proteção normativa dos direitos fundamentais quase que inútil" (p. 255).

(174) Na expressão de ZAGREBELSKY, Gustavo. *Il diritto mite*. Torino: Einaudi, 1992. p. 20-56.

(175) MARINONI, Luiz Guilherme. O direito à efetividade da tutela jurisdicional na perspectiva da teoria dos direitos fundamentais. *Gênesis Revista Direito Processual Civil*, Curitiba, Gênesis, n. 28, p. 298-337, 2003; MITIDIERO, Daniel; ZANETI JÚNIOR, Hermes; *Processo Constitucional:* Relações entre Processo e Constituição. Porto Alegre: Fabris, 2004, em especial, p. 23-62; ALVARO DE OLIVEIRA, Carlos Alberto. O processo civil na perspectiva dos direitos fundamentais. *Revista de Processo*, São Paulo, Revista dos Tribunais, n. 113, p. 9-21, fev. 2004.

(176) SARLET, Ingo Wolfgang; MARINONI, Luiz Guilherme; MITIDIERO, Daniel. *Curso de direito constitucional*. São Paulo: Revista dos Tribunais, 2012. p. 627-628; Para os autores, o direito à tutela jurisdicional deve ser analisado no mínimo sob três perspectivas: "(i) do *acesso à justiça;* (ii) da *adequação* da tutela; e (iii) da *efetividade* da tutela" (p. 628).

Nesse contexto de um Estado que visa a proteger e a dar efetividade aos direitos fundamentais, encontram guarida os direitos transindividuais, na qualidade de direitos fundamentais (de terceira dimensão), cuja ideia a seguir fundamentar-se-á. Diante disso, a tutela dos direitos transindividuais precisa ser vista em nova perspectiva: a partir da colocação do problema das relações entre direito material transindividual e processo coletivo e dos contornos dessa tutela jurisdicional no plano constitucional, uma vez que é nesse plano que se situa o núcleo do direito fundamental à jurisdição, desde que o Estado chamou a si o monopólio de prestá-la.[177] Exatamente a perspectiva constitucional do processo veio a contribuir para afastar o processo do plano das construções conceituais e meramente técnicas e inseri-lo na realidade política e social.[178]

A partir da localização da problemática no plano constitucional, passa-se, primeiramente, a sustentar o enquadramento dos direitos transindividuais como direitos fundamentais[179], bem como outros desdobramentos, entre os quais, a relação entre os modelos concebidos para tutela dos direitos transindividuais e os direitos fundamentais de proteção e, notadamente, os direitos fundamentais prestacionais.

Conforme Sarlet,[180] "a história dos direitos fundamentais é também uma história que desemboca no surgimento do moderno Estado constitucional, cuja essência e razão de ser residem justamente no reconhecimento e na proteção da dignidade da pessoa humana e dos direitos fundamentais do homem". Esclarece, ainda, o autor que "somente a partir do reconhecimento e da consagração dos direitos fundamentais pelas primeiras Constituições é que assume relevo a problemática das assim denominadas 'gerações' (ou dimensões) dos direitos fundamentais, visto que umbilicalmente vinculada às transformações geradas pelo reconhecimento das novas necessidades básicas".

Os direitos fundamentais, desde o seu reconhecimento nas primeiras Constituições, passaram por diversas transformações, tanto no que diz respeito ao seu conteúdo, quanto no que concerne à sua titularidade, eficácia e efetivação. Nesse contexto, costuma-se falar de três dimensões (gerações) de direitos (ainda que alguns autores prefiram não falar mais em dimensões ou gerações), numa relação de complementaridade, havendo, inclusive, quem defenda a existência de uma quarta e até mesmo de quinta e sexta dimensões.[181]

---

(177) Conforme ALVARO DE OLIVEIRA, Carlos Alberto. *Teoria e prática da tutela jurisdicional.* Rio de Janeiro: Forense, 2008. p. 81-82, esclarecendo que o autor não se refere especificamente aos direitos transindividuais, mas também não os exclui.

(178) ALVARO DE OLIVEIRA, Carlos Alberto. O processo civil na perspectiva dos direitos fundamentais. *Revista de Processo*, São Paulo, Revista dos Tribunais, n. 113. p. 9-21, em especial, p. 18, fev. 2004.

(179) COIMBRA, Rodrigo. Os direitos transindividuais como direitos fundamentais de terceira dimensão e alguns desdobramentos. In: *Direitos Fundamentais e Justiça*, Porto Alegre, HS Editora, n. 16, p. 64-94, jul./set. 2011. Nesse sentido, também, entre outros: ZAVASCKI, Teori Albino. Direitos fundamentais de terceira geração. *Revista da Faculdade de Direito da Universidade Federal do Rio Grande do Sul*, Porto Alegre, UFRGS, v. 15, p. 227-232, 1998; LEAL, Márcio Flávio Mafra. *Acões coletivas:* história teoria e prática. Porto Alegre: Fabris, 1998. p. 100.

(180) SARLET, Ingo Wolfgang. *A eficácia dos direitos fundamentais:* uma teoria geral dos direitos fundamentais na perspectiva constitucional. 10. ed. Porto Alegre: Livraria do Advogado, 2011. p. 36-37. Para o estudo da perspectiva histórica dos direitos naturais do homem aos direitos fundamentais constitucionais e a problemática das dimensões dos direitos fundamentais, ver p. 36-57.

(181) A doutrina tem preferido atualmente a expressão "dimensões", em detrimento do termo "gerações", pelo entendimento de que o reconhecimento progressivo de novos direitos fundamentais tem o caráter de um processo

A terceira dimensão dos direitos fundamentais é constituída pelos chamados direitos de solidariedade e fraternidade, cuja nota distintiva "reside basicamente na sua titularidade coletiva, muitas vezes, indefinida e indeterminável, o que se revela a título de exemplo, especialmente no direito ao meio ambiente e qualidade de vida, o qual, em que pese ficar preservada a sua dimensão individual, reclama novas técnicas de garantia e proteção".(182)

Nesse sentido, o Supremo Tribunal Federal, ao julgar a ADI n. 3540-1, pronunciou que "todos têm direito ao ambiente ecologicamente equilibrado. Trata-se de um típico direito de terceira geração (ou de novíssima geração dimensão), que assiste a todo gênero humano (RTJ 158-205-206). Incumbe, ao Estado e à própria coletividade, a especial obrigação de defender e preservar, em benefício das presentes e futuras gerações, esse direito de titularidade coletiva e de caráter transindividual (RTJ 164-158-161)".(183)

Os direitos fundamentais de terceira dimensão são direitos de titularidade coletiva atribuídos, genericamente e de modo difuso, a todos os integrantes dos agrupamentos sociais, consagrando o princípio da solidariedade e constituindo, ao lado dos denominados direitos de quarta dimensão (como o direito ao desenvolvimento e à paz), um momento importante no processo de expansão e reconhecimento dos direitos humanos, qualificados estes — como valores fundamentais indisponíveis — como prerrogativas impregnadas de uma natureza essencialmente inexaurível.(184)

---

cumulativo, de complementaridade, e não de alternância, de forma que o uso da expressão "gerações" pode ensejar a falsa impressão da substituição gradativa de uma geração por outra, razão pela qual há quem prefira o termo "dimensões" dos direitos fundamentais, posição essa que também se passa a adotar neste trabalho, na esteira da mais moderna doutrina (SARLET, Ingo Wolfgang. *A eficácia dos direitos fundamentais:* uma teoria geral dos direitos fundamentais na perspectiva constitucional. 10. ed. Porto Alegre: Livraria do Advogado, 2011. p. 45).

(182) SARLET, Ingo Wolfgang. *A eficácia dos direitos fundamentais:* uma teoria geral dos direitos fundamentais na perspectiva constitucional. 10. ed. Porto Alegre: Livraria do Advogado, 2011. p. 49. A irreversibilidade de alguns danos causados à natureza (OST, François. *A natureza à margem da lei:* a ecologia à prova do direito. Trad. Joana Chaves. Lisboa: Instituto Piaget, 1995. p. 109) reclama novas tutelas do direito, como a tutela inibitória exposta por MARINONI, Luiz Guilherme. *Tutela inibitória:* individual e coletiva. 2. ed. São Paulo: Revista dos Tribunais, 2000. p. 249-380. Lorenzetti, tratando dessa matéria no âmbito do Direito argentino, fala em: prevenção, recomposição (*"in natura"*) e reparação (pecuniária substitutiva), em LORENZETTI, Ricardo Luís. *Teoria Geral do direito ambiental.* Trad. Fábio Costa Morosini e Fernanda Nunes Barbosa. São Paulo: Revista dos Tribunais, 2010. p. 39-40. Teori Albino Zavascki salienta a importância de se dar um passo à frente visando à efetivação dos direitos de terceira "geração", inspirados nos valores de fraternidade e solidariedade, avançando a trajetória das conquistas de direitos no plano formal para o cumprimento efetivo dos direitos, ressalvando que, para tanto, "a reforma mais urgente, mais profunda, e certamente a mais difícil, mas que precisará ser feita, é a reforma do próprio ser humano, é a renovação dos espíritos, é a mudança que se opera pela via do coração. O século XXI há de ser marcado, necessariamente, pelo signo da fraternidade" (ZAVASCKI, Teori Albino. Direitos fundamentais de terceira geração. *Revista da Faculdade de Direito da Universidade Federal do Rio Grande do Sul*, Porto Alegre, UFRGS, v. 15, p. 227-232, em especial, p. 230-231, 1998).

(183) SUPREMO TRIBUNAL FEDERAL. Tribunal Pleno, ADI n. 3.540-1/DF, relator Min. Celso de Mello, DJ 1º.9.2005. Nesse sentido, já se manifestavam os estudiosos das relações entre a natureza e o direito: "O Estado, tornado intervencionista, não pode mais ignorar os desequilíbrios ecológicos que se ameaçam", conforme OST, François. *A natureza à margem da lei:* a ecologia à prova do direito. Trad. Joana Chaves. Lisboa: Instituto Piaget, 1995. p. 103.

(184) LAFER, Celso. *Desafios:* ética e política. São Paulo: Siciliano, 1995. p. 239. Nesse sentido, também BONAVIDES, Paulo. *Curso de Direito Constitucional.* 4. ed. São Paulo: Malheiros, 1993. p. 481.

No Brasil, os direitos transindividuais são fundamentais, uma vez que a Constituição Federal de 1988 consagrou, expressamente, diversos direitos de natureza transindividual (difusos e coletivos *stricto sensu*), como o direito ao meio ambiente ecologicamente equilibrado (art. 225), à preservação da probidade administrativa (art. 37, § 4º), a proteção do consumidor (art. 5º, XXXII) e o reconhecimento dos acordos coletivos de trabalho e das convenções coletivas de trabalho (art. 7º, XXVI). Além disso, a Carta Magna elevou à estatura constitucional os instrumentos para a tutela processual desses novos direitos, ao alargar o âmbito da ação popular, que passou a ter por objeto expresso um significativo rol de direitos transindividuais: moralidade administrativa, meio ambiente, patrimônio histórico e cultural (art. 5º, LXXIII)[185]. Ainda, nessa linha de instrumentalizar a efetivação dos direitos transindividuais, a Constituição conferiu legitimação ao Ministério Público, a fim de promover inquérito civil e ação civil pública para a proteção de quaisquer direitos difusos e coletivos (art. 129, III).[186]

De acordo com concepção amplamente consagrada, os direitos fundamentais expressam uma ordem de valores objetivada na e pela Constituição (explícita ou implicitamente). Um determinado direito é fundamental "não apenas pela relevância do bem jurídico tutelado em si mesmo (por mais importante que o seja), mas pela relevância daquele bem jurídico na perspectiva das opções do Constituinte, acompanhada da atribuição da hierarquia normativa correspondente e do regime jurídico-constitucional assegurado pelo Constituinte às normas de direitos fundamentais", conforme explica Sarlet.[187] É por essa razão que um direito pode ser fundamental em um país e não ser em outro. Todavia, isso não significa dizer que seja possível reduzir a noção de direitos fundamentais a um conceito meramente formalista ou mesmo nominal, como sendo apenas os direitos expressamente consagrados como tais, o que leva ao tema da abertura material do catálogo de direitos fundamentais no direito constitucional positivo brasileiro.

Da norma contida no § 2º do art. 5º da Constituição Federal de 1988[188], seguindo a tradição do nosso direito constitucional republicano, desde a Constituição de fevereiro de 1891, pode-se extrair o entendimento de que, "para além do conceito formal de Constituição (e de direitos fundamentais), há um conceito material, no sentido de existirem

---

(185) COIMBRA, Rodrigo. Os direitos transindividuais como direitos fundamentais de terceira dimensão e alguns desdobramentos. In: *Direitos Fundamentais e Justiça*, Porto Alegre, HS Editora, n. 16, p. 74, jul./set. 2011.

(186) Demonstrando a condição de estatura superior dada a tais direitos pela Constituição Federal de 1988: ZAVASCKI, Teori Albino. *Processo coletivo:* tutela de direitos coletivos e tutela coletiva de direitos. 4. ed. São Paulo: Revista dos Tribunais, 2009. p. 31.

(187) SARLET, Ingo Wolfgang. *A eficácia dos direitos fundamentais:* uma teoria geral dos direitos fundamentais na perspectiva constitucional. 10. ed. Porto Alegre: Livraria do Advogado, 2011. p. 76. Sobre a exigibilidade em juízo ("justicialidade") dos direitos fundamentais a prestações positivas do Estado, ver TALAMINI, Eduardo. Concretização jurisdicional de direitos fundamentais a prestações positivas do Estado. *In: Instrumentos de coerção e outros temas de direito processual civil:* estudos em homenagem aos 25 anos de docência do Professor Dr. Araken de Assis. Rio de Janeiro: Forense, 2007. p. 151-155.

(188) Constituição Federal, art. 5º, § 2º: "Os direitos e garantias expressos nesta Constituição não excluem outros decorrentes do regime e dos princípios por ela adotados, ou dos tratados internacionais em que a República Federativa do Brasil seja parte".

direitos que, por seu conteúdo, por sua substância, pertencem ao corpo fundamental da Constituição de um Estado, mesmo não constando no catálogo".[189]

Seguindo esse mesmo raciocínio, os direitos transindividuais, como direitos fundamentais, não comportam rol exaustivo[190]. A cada momento, e em função de novas exigências impostas pela sociedade moderna e pós-industrial, evidenciam-se novos valores pertencentes a todo o grupo social, cuja tutela se revela necessária e inafastável. Os interesses transindividuais, por isso mesmo, são inominados, embora haja alguns mais evidentes, como os concernentes ao patrimônio ambiental, histórico, artístico e cultural. Em todas as formações sociais, com maior ou menor intensidade, a presença desses interesses, notadamente daqueles que ostentam caráter difuso, tem sido marcante, como o direito a um ambiente ecologicamente equilibrado, o direito ao aproveitamento racional dos recursos naturais, o direito à conservação da natureza, o direito à publicidade comercial honesta, o direito à utilização adequada do solo urbano e rural, o direito à intangibilidade do patrimônio cultural do Estado.[191]

Cabe referir, ainda, que a ideia de os direitos fundamentais irradiarem efeitos também nas relações privadas[192] (efeitos horizontais) e não constituírem apenas direitos oponíveis aos poderes públicos (efeitos verticais) vem sendo considerada um dos mais relevantes desdobramentos da perspectiva objetiva dos direitos fundamentais[193] e, no âmbito dos direitos transindividuais, os chamados efeitos horizontais também possuem grande relevância[194], como no direito coletivo do trabalho, com algumas situações ocorridas

---

(189) SARLET, Ingo Wolfgang. *A eficácia dos direitos fundamentais:* uma teoria geral dos direitos fundamentais na perspectiva constitucional. 10. ed. Porto Alegre: Livraria do Advogado, 2011. p. 76. Nesse sentido, ainda que à luz de norma semelhante contida na Constituição portuguesa de 1976 (art. 16, n. 1), CANOTILHO, José Joaquim Gomes. *Direito Constitucional.* 5. ed. Coimbra: Almedina, 1991. p. 539.

(190) COIMBRA, Rodrigo. Os direitos transindividuais como direitos fundamentais de terceira dimensão e alguns desdobramentos. In: *Direitos Fundamentais e Justiça*, Porto Alegre, Hs Editora, n. 16, p. 75, jul./set. 2011.

(191) Nesse sentido e mencionando tais exemplos foi o voto do Ministro Celso de Mello. *In:* Tribunal Pleno, RE n. 163231-3/SP, relator Min. Maurício Corrêa, DJ 26.2.1997.

(192) "A ideia é que quando o juiz civil for interpretar o alcance concreto de certas previsões normativas do Código Civil deve ele levar em consideração, como verdadeiras 'linhas diretivas', o sentido dos direitos fundamentais, conforme FACCHINI NETO, Eugênio. Reflexões histórico-evolutivas sobre a constitucionalização do direito privado. *In:* SARLET, Ingo Wolfgang (Org.). *Constituição, Direitos Fundamentais e Direito Privado.* 2. ed. Porto Alegre: Livraria do Advogado, 2006. p. 43-48, em especial, p. 47.

(193) CANOTILHO, José Joaquim Gomes. Provedor de justiça e efeito horizontal de direitos, liberdades e garantias. *In: Estudos sobre direitos fundamentais.* Coimbra: Coimbra, 2004. p. 87-88; SARLET, Ingo Wolfgang. *A eficácia dos direitos fundamentais:* uma teoria geral dos direitos fundamentais na perspectiva constitucional. 10. ed. Porto Alegre: Livraria do Advogado, 2011. p. 148; MARINONI, Luiz Guilherme. *Teoria geral do processo.* 4. ed. São Paulo: Revista dos Tribunais, 2010. p. 73-74 e 78.

(194) Tushnet, ao tratar sobre estruturas acerca da revisão judicial, efeitos horizontais e direitos sociais (capítulo 7), retrata a problemática dos direitos-deveres prestacionais fundamentais e dos efeitos horizontais (diretos e indiretos), estudando alguns *cases* dos EUA, do Canadá, da Argentina e da Alemanha, visando a demonstrar, por meio do estudo do Direito comparado, sua tese de que o sistema americano tem mais dificuldades em proferir decisões judiciais com efeitos horizontais, ainda que indiretos, pois o sistema federalista norte-americano confere competência à corte estadual para apreciar as regras de propriedade, contratos e direito penal, em que, preferencialmente, ocorre a possibilidade de decisões com efeitos horizontais. A Suprema Corte promulgou, em 1875, estatutos regulando suas jurisdições não autorizadas para revisar e modificar decisões do tribunal estadual, determinando conservar o conteúdo das regras retroativas. O tribunal tem tratado dessa participação como enraizada

no meio ambiente do trabalho, mediante ações promovidas por sindicatos ou pelo Ministério Público do Trabalho.[195] Efeitos horizontais, nos direitos transindividuais, também aparecem bastante no direito ambiental e no direito do consumidor.

Outro desdobramento importante no que tange aos direitos transindividuais está na sua relação direta com os direitos fundamentais prestacionais.[196] Os direitos fundamentais a prestações são aqueles em que, a partir da garantia constitucional de certos direitos, se reconhece, simultaneamente, o dever do Estado na criação dos pressupostos materiais indispensáveis ao exercício efetivo desses direitos, bem como a faculdade de o cidadão exigir, de forma imediata, as prestações constitutivas desses direitos, conforme explica Canotilho,[197] ao tratar dos chamados direitos prestacionais originários.[198]

As ações coletivas têm importante relação com os direitos fundamentais prestacionais, permitindo a tutela jurisdicional dos direitos fundamentais que exigem prestações sociais e adequada proteção, inclusive contra os particulares, e, além disso, "constituem condutos vocacionados a permitir ao povo reivindicar os seus direitos fundamentais materiais", nas palavras de Marinoni.[199]

A jurisdição contemporânea[200], de um modelo Estado comprometido não apenas em proteger os direitos fundamentais (direitos fundamentais de proteção ou de defesa), mas, também, a partir da garantia constitucional de certos direitos, em prestar os pressupostos materiais indispensáveis ao exercício efetivo desses direitos (direitos fundamentais

---

nos princípios fundamentais constitucionais do federalismo e, exceto em alguns casos extraordinários, repudia o poder ou as interpretações das cortes estaduais das regras retroativas, ignora ou subestima valores constitucionais. Esses casos extraordinários e outros fornecem sugestões à Suprema Corte para desenvolver a doutrina do efeito horizontal indireto. Mas, até agora, a Suprema Corte não demonstrou tal inclinação, conforme TUSHNET, Mark. *Weak Courts Strong Rights:* Judicial Review and Social Welfare Rights in Comparative Constitutional Law. New Jersey: Princenton University Press, 2008. p. 197-198.

(195) Exemplo: TRIBUNAL REGIONAL DO TRABALHO. 2ª Região – RO 01042199925502005 – Ac. 20070504380 – 6ª T. – Rel. Desemb. Valdir Florindo – DOE 6.7.2007.

(196) Em estudo sobre o direito à saúde, que é um direito de segunda dimensão (direito social), de titularidade individual (perspectiva subjetiva), ainda que tenha alcance para a sociedade (perspectiva objetiva), Sarlet salienta que os direitos sociais abrangem tanto direitos a prestações (positivos) quanto direitos de defesa (direitos negativos ou a ações negativas), conforme SARLET, Ingo Wolfgang. FIGUEIREDO, Marina Filchtiner. Reserva do Possível, Mínimo Existencial e Direito à Saúde: algumas aproximações. *In: Direitos Fundamentais & Justiça*, ano 1, n. 1, p. 174, out./dez. 2007.

(197) CANOTILHO, José Joaquim Gomes. *Direito Constitucional.* 5. ed. Coimbra: Almedina, 1991. p. 552.

(198) Para as principais classificações que consideram as funções que os direitos fundamentais podem assumir, ver: CANOTILHO, José Joaquim Gomes. *Direito Constitucional.* 5. ed. Coimbra: Almedina, 1991. p. 552-557; ALEXY, Robert. *Teoría de los derechos fundamentales.* Madrid: Centro de Estudios Constitucionales, 1997. p. 419-435; SARLET, Ingo Wolfgang. *A eficácia dos direitos fundamentais.* 5. ed. Porto Alegre: Livraria do Advogado, 2005. p. 205-227.

(199) MARINONI, Luiz Guilherme. *Teoria geral do processo.* 4. ed. São Paulo: Revista dos Tribunais, 2010. p. 115-116.

(200) "A vocação do nosso tempo para a jurisdição", na expressão de Picardi, trata de consequência direta do Estado Constitucional e revela também a expansão da atividade jurisdicional para atos e fatos antes não imagináveis, constituindo-se num dos fatores culturais marcantes da contemporaneidade (PICARDI, Nicola. La vocazione del nostro tempo per la giurisdizione. *Rivista Trimestrale di Diritto e Procedura Civile*, Milano, Giuffrè, v. 58, n. 1, p. 41-71, em especial, p. 71, mar. 2004).

prestacionais), precisa dispor de mecanismos aptos a concretizar integralmente o direito material (Direito objetivo — a partir da Constituição).[201]

A maior efetivação dos direitos fundamentais exige a participação na estrutura social e no poder mediante instrumentos e procedimentos adequados.[202] Essa participação deve ser possibilitada e incentivada não somente por meio da reserva de locais de participação em órgãos públicos ou em procedimentos voltados a decisões públicas, mas também mediante procedimentos judiciais aptos à tutela dos direitos transindividuais. Nessa perpectiva, a jurisdição fomenta a participação para a proteção dos direitos fundamentais e para o controle das decisões tomadas pelo Poder Público.[203]

Desse modo, as ações processuais que garantem a participação[204], tanto na proteção dos direitos fundamentais, quanto no controle das decisões públicas, "conferem um *plus* à função jurisdicional", não apenas porque o juiz deixa de tutelar exclusivamente os direitos individuais e passa a proteger os direitos transindividuais, mas sobretudo porque "a jurisdição toma o seu lugar para a efetivação da democracia, que necessita de técnicas de participação 'direta' para poder construir uma sociedade mais justa", conforme a doutrina de Marinoni.[205]

Mendes e Branco[206] asseveram que os direitos de participação possuem características mistas de direitos de defesa e direitos à prestação. Nesse sentido de efetivação da participação popular no bojo da tutela jurisdicional e da promoção que tal participação

---

(201) PISANI, Andrea Proto. Appunti sulla tutela di condanna. *Rivista Trimestrale di Diritto Procedura Civile*, Milano, Giuffrè, v. 32, ns. 3-4, p. 1.104-1.210, 1978. A incidência dos valores constitucionais sobre a cultura e a necessidade de o processo efetivar tais valores são aspectos salientados por Denti, em artigo específico sobre essa temática (DENTI, Vittorio. Valori costituzionali e cultura processuale. *Rivista di Diritto Processuale*, Padova, CEDAM, v. 39, 2. serie, p. 443-464, em especial, p. 462 e 464, 1984. A jurisprudência pátria vem concretizando os direitos fundamentais prestacionais em ações coletivas, conforme exemplifica o seguinte julgado: "AÇÃO CIVIL PÚBLICA – Defesa de direitos metaindividuais – Pessoas portadoras de deficiência – *Dever do Estado de assegurar condições de prevenção das deficiências física, sensorial e mental*, com prioridade para assistência pré-natal e à infância e de integração social do portador de deficiência. Ementa Oficial: Se o Estado brasileiro está obrigado, segundo a própria Constituição, a construir uma sociedade livre, justa e solidária, em erradicar a pobreza e a marginalização e reduzir as desigualdades sociais e regionais, e ainda a promover o bem de todos, sem preconceitos de origem, raça, sexo, cor, idade e quaisquer outras formas de discriminação (art. 3º da CF), os fins da jurisdição devem refletir estas ideias. O Estado assegurará condições de prevenção das deficiências física, sensorial e mental, com prioridade para a assistência pré-natal e à infância e de integração social do portador de deficiência, em especial do adolescente, e a facilitação do acesso a bens e serviços coletivos, com eliminação de preconceitos e remoção de obstáculos arquitetônicos. (grifou-se) (MINAS GERAIS. Tribunal de Justiça do Estado de Minas Gerais – AgIn 260234-0/00 – 4ª Câmara – j. 13.6.2002 – Rel. Carreira Machado. *In:* Revista dos Tribunais, v. 808, p. 370, fev.2003).

(202) BONAVIDES, Paulo. *Teoria Constitucional da Democracia Participativa*. São Paulo: Malheiros, 2001. p. 33-34.

(203) MARINONI, Luiz Guilherme. *Teoria geral do processo*. 4. ed. São Paulo: Revista dos Tribunais, 2010. p. 116.

(204) De acordo com Facchini, "há muito tempo já foi acentuado o aspecto participativo das ações coletivas, dos indivíduos ou dos grupos, como momento de antagonismo, relativamente às escolhas do poder político. A via judiciária terminou por representar um dos instrumentos privilegiados desta conflitualidade participativa, seja pela sua genérica acessibilidade, relativamente às formas de participação administrativa, seja pelo papel de suplência que o poder judiciário repetidamente assumiu, na inércia dos demais poderes de Estado" (FACCHINI NETO, Eugênio. O Judiciário no mundo contemporâneo. *Revista da AJURIS*, Porto Alegre, n. 108, p. 139-165, em especial, p. 154, dez. 2007).

(205) MARINONI, Luiz Guilherme. *Teoria geral do processo*. 4. ed. São Paulo: Revista dos Tribunais, 2010. p. 117.

(206) MENDES, Gilmar Ferreira; BRANCO, Paulo Gustavo Gonet. 6. ed. *Curso de Direito Constitucional*. São Paulo: Saraiva, 2011. p. 188.

pode realizar no sentido de uma mais ampla concretização dos direitos fundamentais, além da própria democracia, Denti[207] ressalta a importância da participação popular fomentada pelas organizações dos interesses difusos, tendo em vista a cada vez maior variedade de interesses a ser tutelada, daí a necessidade de se atribuir aos organismos participatórios maior poder, não somente de decisão, mas também de iniciativa de efetivar a tutela de direitos[208], por meio das ações coletivas.[209]

A seguir, passa-se a propor novas bases para a compreensão da tutela de direitos com objeto difuso.

---

(207) DENTI, Vittorio. Aspetti processuali della tutela dell'ambiente. *In: Studi in memoria di Salvatore Satta.* Padova: CEDAM, 1982. v. 1, p. 445-461, em especial, p. 452-454.

(208) Referindo-se aos sindicatos, Romagnoli, em 1974, dizia haver motivos justificados para duvidar de que seja concebível uma participação dos sindicatos na função jurisdicional, destacando que essa forma de "participação direta do povo na administração da justiça" implica uma ruptura da tradição jurídica (ROMAGNOLI, Umberto. Il ruolo del sindicato nel processo del lavoro. *Rivista Trimestrale di Diritto Procedura Civile*, Milano, Giuffrè, v. 28, 2. Serie, p. 154-172, em especial, p. 167, 1974).

(209) Conforme Picardi, a expansão do Judiciário se constituiu numa das principais novidades na recente evolução da democracia contemporânea (PICARDI, Nicola. La vocazione del nostro tempo per la giurisdizione. *Rivista Trimestrale di Diritto e Procedura Civile*, Milano, Giuffrè, v. 58, n. 1, p. 41-71, em especial, p. 50-51, jan. 2004.

Capítulo 2
Novas Bases para Compreensão da Tutela de Direitos com Objeto Difuso

2.1. A gênese do conceito de *"interessi legittimi"* na doutrina italiana como tentativa de fundamentar *"interessi collettivi e diffusi"*. A transposição desse conceito para o ordenamento jurídico brasileiro. Direitos com objeto difuso

O direito italiano consubstanciou o conceito de *"interessi legitiimi"* em seu ordenamento, concedendo-lhe tamanha importância a ponto de, juntamente, com o direito subjetivo, constituir critério para julgamento perante a jurisdição italiana. Os interesses legítimos são julgados pela Justiça Administrativa, diversamente dos direitos subjetivos, que o são pela Justiça Ordinária. Note-se que, no modelo italiano, não é a presença da Administração Pública que determina a competência da jurisdição, podendo ela figurar como parte tanto na Justiça Administrativa como na Justiça Ordinária. A competência se dá pela presença, no caso concreto submetido à jurisdição, de *"interessi legittimi"* (Justiça Administrativa) ou de direito subjetivo (Justiça Ordinária)[210].

De acordo com Nigro[211], *"interesse legittimo"* é o poder que os cidadãos têm de reagir em face de um ato administrativo ilegítimo, visando a sua anulação perante a Justiça Administrativa. Nesse sentido, Cannada-Bartoli[212] diz que os *"interessi legittimi"* significam uma posição jurídica subjetiva do cidadão perante a Administração Pública.

Consoante a lição de Guastini[213], *"interesse legittimo"* é uma noção ideológica fruto de uma doutrina *"illiberale"* segundo a qual: a) o interesse público é preeminente sobre o interesse privado; b) o interesse privado é tutelado em confronto com a Administração Pública mediatamente e, eventualmente, somente se ocasionalmente coincidir com o

---

(210) A *"giustizia amministrativa"* foi criada no Estado Absoluto, mas se afirma no Estado Social, depois da Revolução Francesa. Consiste num conjunto de tutela dos cidadãos em face da Administração Pública, diversamente daquele assegurado aos cidadãos nas relações entre privados (justiça civil e penal), sendo que na primeira há juízes *ad hoc* e na segunda há juízes ordinários, conforme NIGRO, Mario. *Guistizia amministrativa*. 4. ed. Bologna: Mulino, 1994. p. 22.

(211) NIGRO, Mario. *Guistizia amministrativa*. 4. ed. Bologna: Mulino, 1994. p. 21. O autor entende que o interesse legítimo é uma noção de direito material e não "um poder de reação processual". Sustenta tratar-se de um interesse material, mas em *"ambito sostanziale dinamico, strumentale, non statico e di godimento"* (p. 96).

(212) CANNADA-BARTOLI, Eugenio. Prescrizione (Interesse dir. amm.). In: *Enciclopedia del diritto*. Milano: Giuffrè, 1972, XXII, p. 1-28, em especial, p. 9.

(213) GUASTINI, Ricardo. *La sintassi del diritto*. Torino: Giappichelli Editore, 2011. p. 103.

interesse público; c) em última análise, no confronto com a Administração Pública não se tem direitos subjetivos, mas, no máximo, interesses.

Note-se que o interesse legítimo é uma categoria também pensada para tutelar apenas indivíduos. A definição tradicional de interesse legítimo tem por base interesse individual, estreitamente conectado com o interesse público e protegido pelo ordenamento jurídico por meio da tutela jurídica deste último, "não de forma direta e específica, mas por via ocasiaonal e indireta", conforme Nigro[214]. Nesse pensar, Alpa[215] averba que "interesse exprime uma exigência individual".

Guastini[216] frisa que a noção de *"interesse legittimo"* é uma característica da doutrina administrativista italiana, sendo desconhecida na teoria geral do direito contemporâneo. Esse registro também é feito por Micheli[217], advertindo que ampliar esse conceito para outros ramos do direito é inadequado, pois foi historicamente concebido para o direito administrativo.

Segundo Alvaro Oliveira, os excessos cometidos durante o período totalitário levaram o constituinte italiano de 1947 a preocupar-se com eventuais abusos da Administração Pública[218]. Nessa linha, o art. 113 da Constituição da Itália em vigor dispõe: *"Contro gli atti della pubblica amministrazione è sempre ammesa la tutela giurisdizionale dei diritti e degli interessi legittimi dinanzi agli organi di giurisdizione ordinária o amministrativa"*.

Nesse sentir, Dinamarco[219] explica que existe uma sutil distinção entre os direitos subjetivos e os interesses legítimos, que, em conjunto com a discricionariedade do poder administrativo, decorrem da ideia fascista de liberdade política da administração (Poder Executivo) e que foi usada como "escudo", para evitar a censura jurisdicional em regimes totalitários.

Para o presente trabalho, importa destacar que a figura do *"interesse legittimo"* concebida como uma alternativa distinta do direito subjetivo, ainda que idealizada para outros objetivos, acabou sendo utilizada também como o fundamento jurídico para tentar explicar o fenômeno dos *"interessi diffusi"*, quando se começa a direcionar luzes ao estudo dessa matéria.

Em artigo publicado em 1948, Denti[220] chama a atenção para problemas da categoria do *"interesse legittimo"*, o qual ele chama de *"discussa figura"*. O autor aponta objeções à

---

(214) NIGRO, Mario. *Guistizia amministrativa.* 4. ed. Bologna: Mulino, 1994. p. 88.

(215) ALPA, Guido. Interessi diffusi. *Revista de Processo*, São Paulo, Revista dos Tribunais, n. 81, p. 146-159, em especial, p. 146, jan./mar.1996.

(216) GUASTINI, Ricardo. *La sintassi del diritto.* Torino: Giappichelli Editore, 2011. p. 103.

(217) MICHELLI, Gian Antonio. Sentenza di annullamento di un atto giuridicco e riscarcimento del danno patrimoniale derivante da lesione di interessi legitimi. *Rivista di Diritto Processuale*, Padova, CEDAM, v. 19, p. 396-434, em especial, p. 409 e 411, giu./set. 1964.

(218) ALVARO DE OLIVEIRA, Carlos Alberto. *Do formalismo no processo civil.* 2. ed. São Paulo: Saraiva, 2003. p. 138.

(219) DINAMARCO, Cândido Rangel. *A instrumentalidade do processo.* 6. ed. São Paulo: Malheiros, 1998. p. 304.

(220) DENTI, Vittorio. Sul concetto di funzione cautelare. *Studia Ghisleriana:* Studi giuridici in memoria di Pietro Ciapessoni. Pavia: Tipografia del livro, 1948. p. 1-31, em especial p. 26. Nas palavras do autor: "Alla possibilità di

possibilidade de se conceber o interesse legítimo como posição jurídica, entre as quais, que o interesse não é um elemento constitutivo do próprio direito (subjetivo), mas está fora dele, sendo um elemento teleológico criado pelo Direito objetivo.

Alpa[221] refere que a utilização da categoria dos interesses legítimos para tentar fundamentar os interesses difusos é uma tentativa frustrada de superar o individualismo.

Para Denti[222], o interesse legítimo é tão somente um elemento teleológico do poder jurídico de provocar a anulação do ato administrativo inválido que causou a lesão, que se insere no mundo jurídico por previsão legislativa, e, adiante, conceitua-o: *"precisamente, l'interesse legittimo è una situazione creata dal direito obiettivo, allo scopo di tutelare eventuali interessi di un soggetto che siano in rapporto di coincidenza con un altrui direttamente tutelato".*

Em artigos posteriores, daí enfrentando, especificamente, o problema do acesso à Justiça dos *"interessi diffusi"*, Denti[223] — que, juntamente, com Cappelletti[224] e Vigoriti[225] *"iluminaram"* o estudo da tutela dos interesses difusos — ressalta a falta de consenso, inclusive na doutrina italiana, a respeito do enquadramento dos interesses difusos na lógica do direito subjetivo ou do interesse legítimo, destacando que há oscilação quanto a tal enquadramento, por parte dos juristas[226].

Ainda que, já em 1948, Denti questionasse a adequação técnica da terminologia *"interesse legittimo"*, apontando objeções importantes, a legislação brasileira se utilizou dessa terminologia ao tratar dos direitos transindividuais. Não raro se encontra a denominação conjunta "direitos e interesses" referindo-se aos direitos coletivos *lato sensu* (art. 21 da

---

concepire l'interesse legittimo quale posizione giuridica soggettiva sono state mosse di recente gravi obiezioni. Si è detto che, come l' interesse del titolare di un diritto soggettivo non è elemento costitutivo del diritto stesso, ma sta al di fuori di esso, quale elemento teleologico, così l'interesse legittimo non si risolve concettualmente in una particolare situazione giuridica soggettiva, ma è un puro elemento teleologico rispetto al potere giuridico di provocare l'annullamento dell'atto amministrativo invalido, che ne abbia causato la lesione. Si dovrebbe contrapporre al diritto soggettivo, pertanto, non l'interesse legittimo, ma il potere giuridico, di cui è titolare il portatore dell'interesse medesimo" (p. 26).

(221) ALPA, Guido. Interessi diffusi. *Revista de Processo*, São Paulo, Revista dos Tribunais, n. 81, p. 146-159, em especial, p. 149, jan./mar.1996.

(222) DENTI, Vittorio. Sul concetto di funzione cautelare. *Studia Ghisleriana:* Studi giuridici in memoria di Pietro Ciapessoni. Pavia: Tipografia del Livro, 1948. p. 1-31, em especial p. 27. Esclarece Denti que a figura do interesse legítimo também serviu de tentativa para explicar as situações cautelares (p. 29).

(223) DENTI, Vittorio. Valori costituzionali e cultura processuale. *Rivista di Diritto Processuale*, Padova, CEDAM, v. 39, 2. serie, p. 443-464, 1984, em especial, p. 449; DENTI, Vittorio. Aspetti processuali della tutela dell'ambiente. *In: Studi in memória di Salvatore Satta.* Padova: CEDAM, 1982. v. 1, p. 451.

(224) CAPPELLETTI, Mauro. Libertà individuale e giustizia sociale nel processo civile italiano. *Rivista di Diritto Processuale*, Padova, CEDAM, v. 27, 2. serie, p. 11-34, em especial, p. 11-13, 1972; CAPPELLETTI, Mauro. Formazioni sociali e interessi di grupo davanti alla giustizia civile. *Rivista di Diritto Processuale*, Padova, CEDAM, v. 30, 2. serie, p. 361-402, em especial, p. 364, 1975; CAPPELLETTI, Mauro; GARTH, Bryant. *Acess to Justice: A World Survey.* Milano: Giuffrè, 1978 (há versão traduzida para o português por Ellen Gracie Northfleet. *Acesso à justiça.* Porto Alegre: Fabris, 1988).

(225) VIGORITI, Vicenzo. *Interessi collettivi e processo*: la legittimazione ad agire. Milão: Giuffrè, 1979. p. 40.

(226) Nesse sentido: ALPA, Guido. Interessi diffusi. *Revista de Processo,* São Paulo, Revista dos Tribunais, n. 81, p. 146-159, em especial, p. 146, jan./mar.1996; NIGRO, Mario. *Guistizia amministrativa*. 4. ed. Bologna: Mulino, 1994. p. 92.

Lei n. 7.347/85, art. 81 da Lei n. 8.078/90, art. 129, III, da Constituição Federal de 1988, entre outros).

O legislador brasileiro usou os termos *direitos* e *interesses* como sinônimos, conforme esclarece Watanabe[227] — um dos redatores do anteprojeto que originou o Código de Defesa do Consumidor —, considerando prescindível para a prática a diferenciação entre essas expressões: "Os termos 'interesses' e 'direitos' foram utilizados como sinônimos, certo é que, a partir do momento em que passam a ser amparados pelo direito, os 'interesses' assumem *status* de 'direitos', desaparece qualquer razão prática, e mesmo teórica, para a busca de uma diferenciação ontológica entre eles". Essa foi a proposta de superação do problema dada pela legislação brasileira.

Apreciando essa questão, Barbosa Moreira[228] salienta que o problema da distinção entre direito e interesse é "muito relevante em nível teórico", sendo menos importante "ao ângulo prático", pois, "desde que se esteja persuadido da necessidade de assegurar aos titulares proteção jurisdicional eficaz, não importará tanto, basicamente, saber a que título se lhes há de dispensar tal proteção".

Esclarece Leonel[229] que o legislador não se preocupou em diversificar o tratamento entre os termos, "porque o que se busca com a ampliação das categorias jurídicas tuteláveis é a obtenção da maior efetividade no processo; por isto é que a tutela abrange direitos e interesses".

No Brasil, por muito tempo, os interesses relevantes para a sociedade eram considerados matérias pertinentes à administração pública, estranhos ao Judiciário. O legislador consumerista evitou que o Judiciário pudesse negar tutela aos interesses, ampliando o acesso à Justiça.

Nessa linha de ampliação da tutela, Denti[230] chama a atenção para a necessidade de a tutela dos direitos transindividuais ser menos condicionada a pressupostos dogmáticos, devendo ser pensada a partir da perspectiva constitucional. Isso exige repensar as situações subjetivas em termos de "justiciabilidade" e dos "balanceamentos" de interesses.

Realmente, essa parece ter sido a ideia do legislador brasileiro, muito embora a diferenciação dos institutos possa não ser de importância crucial para a efetividade da tutela jurisdicional. Contudo, "interesse" não é categoria inequívoca, muito pelo contrário.

Embora existam autores, na doutrina pátria,[231] que admitam a utilização da categoria dos interesses legítimos no Brasil, essa categoria atrapalha bem mais do que

---

(227) WATANABE, Kazuo... [*et al.*]. *Código brasileiro de defesa do consumidor:* comentado pelos autores do anteprojeto. 6. ed. Rio de Janeiro: Forense Universitária, 1999. p. 718.

(228) MOREIRA, José Carlos Barbosa. A ação popular no direito brasileiro como instrumento de tutela jurisdicional dos chamados interesses difusos. *Temas de direito processual*. São Paulo: Saraiva, 1977. p. 113-114.

(229) LEONEL, Ricardo de Barros. *Manual do Processo Coletivo*. São Paulo: Revista dos Tribunais, 2002. p. 84-87.

(230) DENTI, Vittorio. Valori costituzionali e cultura processuale. *Rivista di Diritto Processuale*, Padova, CEDAM, v. 39, 2. serie, p. 443-464, 1984, em especial, p. 450.

(231) Por exemplo: MANCUSO, Rodolfo de Camargo. *Interesses difusos:* conceito e legitimação para agir. 2. ed. São Paulo: Revista dos Tribunais, 1991. p. 53-58; NERY, Ana Luíza Barreto de Andrade Fernandes. O fenômeno jurídico de interesse transindividual. *Revista de Direito Privado*, v. 36, p. 33-49, em especial p. 38, out. 2008.

ajuda a resolver os problemas de efetividade dos direitos transindividuais, pois é fruto da transposição de uma categoria que, mesmo na Itália, é bastante contestada, conforme objeções levantadas por Denti já em 1948.

De acordo com Zaneti[232], no Brasil, deu-se mera transposição da doutrina italiana: "um italianismo decorrente da expressão *'interessi legittimi'* e que granjeou espaço na doutrina nacional e, infelizmente, gerou tal fenômeno não desejado".

Ocorre que a distinção entre interesses legítimos e direitos subjetivos é peculiar ao sistema italiano, que prevê uma separação de órgãos jurisdicionais (dualidade de jurisdição). A doutrina italiana construiu dois conceitos distintos, um referente aos direitos subjetivos e outro, aos chamados interesses legítimos. Os primeiros são julgados pela justiça civil (relações entre particulares); os segundos, perante órgãos da justiça administrativa (relações entre particulares e administração pública ou de interesse social relevante). A nota essencial na distinção é que, enquanto o direito subjetivo se vincula diretamente ao indivíduo, protegendo seu interesse individual, os interesses legítimos dirigem-se ao interesse geral e favorecem o indivíduo apenas como parte integrante da coletividade, "na sua qualidade de membro do Estado".[233]

Conforme Micheli[234], em que pese sejam dois conceitos distintos na doutrina italiana, tanto o direito subjetivo clássico quanto o interesse legítimo se tornam concretos na titularidade de um poder de dar início ao processo judicial.

A partir dessas premissas, Zaneti[235] afirma que, no Brasil, "o direito subjetivo e o interesse legítimo são, portanto, direitos", não se justificando a distinção feita na doutrina italiana, destacando que o ordenamento jurídico brasileiro prevê a unidade de jurisdição.

Esse ponto é digno de nota: o interesse legítimo trata-se de categoria jurídica da cultura jurídica italiana, que não se justifica, como regra geral, no ordenamento jurídico brasileiro, em que os conceitos de interesse legítimo e direito subjetivo estão abrangidos pela categoria dos direitos subjetivos (públicos ou privados), além de que, no Brasil, há unidade de jurisdição (não dualidade, como no sistema italiano).

Analisando essa matéria, Calmon de Passos[236] diz que, ao trazer para o direito brasileiro "categorias já sem funcionalidade como a dos interesses legítimos", para

---

(232) ZANETI JÚNIOR, Hermes. *Mandado de segurança coletivo:* aspectos processuais controversos. Porto Alegre: Fabris, 2001. p. 62.

(233) ALVARO DE OLIVEIRA, Carlos Alberto. *Do formalismo no processo civil.* 2. ed. São Paulo: Saraiva, 2003. p. 139; DIDIER JÚNIOR, Fredie; ZANETI JÚNIOR, Hermes. *Curso de Direito Processual Civil:* Processo Coletivo. 5. ed. Salvador: JusPodivm, 2010. v. 4, p. 87-93.

(234) MICHELLI, Gian Antonio. Sentenza di annullamento di un atto giuridicco e riscarcimento del danno patrimoniale derivante dalla lesione di interessi legitimi. *Rivista di Diritto Processuale,* Padova, CEDAM, v. 19, p. 396-434, em especial, p. 408-409, giu./set. 1964.

(235) ZANETI JÚNIOR, Hermes. *Mandado de segurança coletivo:* aspectos processuais controversos. Porto Alegre: Fabris, 2001. p. 66-67.

(236) PASSOS, José Joaquim Calmon. *Mandado de segurança coletivo, mandado de injunção e* habeas data. Rio de Janeiro: Forense, 1989. p. 11.

colocá-los ao lado dos direitos subjetivos, insistiu-se "numa visão do direito, do Estado, da organização política e da sociedade já ultrapassada".

Nesse sentido, Alvaro de Oliveira[237] assevera que o legislador consumerista teria agido com melhor técnica, se a redação fosse "direitos básicos do consumidor", em vez de "interesses e direitos", como fez no Título III da Lei n. 8.078/90. E, comentando a distinção entre interesse legítimo e direito subjetivo na doutrina estrangeira, refere que não obstante tal diferenciação possa ser importante para determinar qual o órgão jurisdicional será competente (nos países em que há dualidade de jurisdição, como na Itália), não lhe altera a categoria dos direitos submetidos à jurisdição e sua imperatividade.

Comparando os ordenamentos jurídicos italiano e brasileiro nesse particular, Alvaro de Oliveira[238] diz que a distinção entre direito subjetivo e interesse, na doutrina nacional, assenta-se na coercibilidade posta à disposição da vontade autônoma do indivíduo ante um interesse seu tutelado pela norma.

Gidi[239] igualmente rejeita a dúplice terminologia adotada pelo ordenamento jurídico brasileiro, assim se posicionando: "não utilizamos (e mesmo rejeitamos) a dúplice terminologia adotada pelo CDC". O autor sustenta que, no Brasil, deve-se utilizar a terminologia "direitos", e não "interesses", e defende a ampliação do conceito de direito subjetivo (propõe o alargamento do conceito tradicional de direito subjetivo), dizendo que o contrário seria pactuar com um "ranço individualista" decorrente de "um preconceito ainda que inconsciente em admitir a operacionalidade técnica do conceito de direito transindividual" e da dificuldade de enquadrar um direito com características de indivisibilidade quanto ao objeto e impreciso quanto à titularidade do direito (subjetivo).

Zaneti[240], após referir que parte da doutrina insiste na necessidade de aceitar a denominação "interesses", porque configuraria uma maior amplitude de tutela também para situações não reconhecidas como direitos subjetivos (tendo em vista a própria "novidade" dos direitos coletivos *lato sensu*) e elogiar que essa preocupação é válida e coerente com os valores a serem tutelados (principalmente, em relação ao direito ao meio ambiente e aos direitos do consumidor), sustenta, contudo, que a melhor solução passa não por admitir a categoria dos "interesses" tuteláveis pelo processo, mas, sim, pela ampliação do conceito de direito subjetivo, para abarcar as diversas "posições jurídicas

---

(237) ALVARO DE OLIVEIRA, Carlos Alberto. A ação coletiva de responsabilidade civil e seu alcance. *In:* BITTAR, Carlos Alberto (Coord.). *Responsabilidade civil por danos a consumidores.* São Paulo: Saraiva, 1992. p. 87-116, em especial, p. 98.

(238) ALVARO DE OLIVEIRA, Carlos Alberto. A ação coletiva de responsabilidade civil e seu alcance. *In:* BITTAR, Carlos Alberto (Coord.). *Responsabilidade civil por danos a consumidores.* São Paulo: Saraiva, 1992. p. 87-116, em especial, p. 98-99. A coercibilidade como forma de atuação do direito subjetivo, em comparação com os interesses, também é destacada por NEVES, Celso. Mandado de segurança, mandado de segurança coletivo e mandado de injunção. *Revista LTr,* v. 52, n. 11, p. 1.315-1.320, em especial, p. 1318, nov. 1998).

(239) GIDI, Antônio. *Coisa julgada e litispendência em ações coletivas.* São Paulo: Saraiva, 1995. p. 17-18.

(240) ZANETI JÚNIOR, Hermes. *Direitos coletivos* lato sensu*:* a definição conceitual dos direitos difusos, dos direitos coletivos *stricto sensu* e dos direitos individuais homogêneos. Disponível em: <http://www.abdpc.org.br/abdpc/artigos/Hermes%20Zaneti%20Jr(2)%20-%20formatado.pdf> Acesso em: 14 nov. 12.

judicializáveis" que decorrem do direito subjetivo *prima facie* (portanto, não expressas) e que merecem igualmente guarida pelo Judiciário.

A ideia de "direito subjetivo coletivo"[241] é uma incongruência, pois a noção de direito subjetivo foi idealizada tendo em mente exclusivamente a tutela de indivíduos. E, ampliar demais o conceito de direito subjetivo, como tem ocorrido, descaracteriza-o.

Nesse sentido, a lição de Pontes de Miranda[242]: "O 'direito' é dotado, assim, de individualidade, como eu, a minha filha mais velha, o marido de A. Estamos no plano dos direitos individuais. Rege, pois, o *princípio da individualidade dos direitos*" (grifos do autor).

De fato, o direito subjetivo foi criado para operar e opera de forma hegemônica no plano dos direitos individuais. Dentro dessa noção de individualidade que reflete a cultura e a sociedade do modelo de Estado liberal, o termo *direito* — no sentido subjetivo — somente é utilizado nas hipóteses em que a sua titularidade pertence a um sujeito determinado e há um objeto delimitado.[243]

De acordo com Pontes de Miranda: "não há direitos sem sujeitos. Nem todos os direitos são subjetivos. Interêsses são protegidos sem que a ordem jurídica crie direitos subjetivos. Muitas vêzes, os mais eficazmente protegidos, ou, até, os mais enèrgicamente assegurados, são interesses que não permitem a invocação do direito subjetivo. São esferas não menos importantes, da função só preventiva ou só repressiva do Estado".[244] Essa lição de Pontes de Miranda, quando ele trata do tema "sujeito e subjetivo", é importante para os direitos com objeto difuso, pois a ordem jurídica protege-os, lhes dá eficácia, mas sem lhes conferir direitos subjetivos.

Morais sustenta que "a hegemonia do direito subjetivo implica a desqualificação do interesse como portador de alguma relevância jurídica".[245] O pensamento de que direito e interesse competiriam pelo mesmo espaço é compreensível para a época em que os conceitos eram mais importantes do que a efetivação dos direitos. O Direito evoluiu, deu passos importantes rumo a significativas interseções entre o público e o privado e passou a transcender a tutela de indivíduos isoladamente — norteada pelo conceito nuclear de direito subjetivo —, ampliando a tutela para outros interesses relevantes para a sociedade e/ou para a humanidade como um todo, como o caso do meio ambiente. No Brasil, eventual problemática que persistisse existir restou superada pela positivação dos interesses difusos de forma ampla.

---

(241) Vocino fala em "novos direitos subjetivos", os "direitos subjetivos coletivos" (VOCINO, Corrado. Sui cosiddetti interessi diffusi. *In: Studi in memoria di Salvatore Satta*. Padova: CEDAM, 1982. p. 1.879-1.912, em especial, 1900-1903, v. 2). Também defendem essa ideia, entre outros: GIDI, Antônio. *Coisa julgada e litispendência em ações coletivas*. São Paulo: Saraiva, 1995. p. 17-18; MORAIS, José Luis Bolzan de. *Do Direito social aos interesses transindividuais*: o Estado e o Direito na ordem contemporânea. Porto Alegre: Livraria do Advogado, 1991. p. 109.

(242) PONTES DE MIRANDA, Franscisco Cavalcanti. *Tratado de direito privado*. Rio de Janeiro: Borsoi, 1955. t. 5, p. 230.

(243) MORAIS, José Luis Bolzan de. *Do Direito social aos interesses transindividuais:* o Estado e o Direito na ordem contemporânea. Porto Alegre: Livraria do Advogado, 1991. p. 109.

(244) PONTES DE MIRANDA, Francisco Cavalcanti. *Tratado da ação rescisória*. 3. ed. Rio de Janeiro: Borsoi, 1957. p. 8.

(245) MORAIS, José Luis Bolzan de. *Do Direito social aos interesses transindividuais*: o Estado e o Direito na ordem contemporânea. Porto Alegre: Livraria do Advogado, 1991. p. 109.

Dito de outro modo, os interesses difusos e os coletivos *stricto sensu* foram protegidos pelo Direito positivo brasileiro e, só a partir de então, ganharam clara dimensão jurídica. Conforme Mancuso[246]: "é sempre importante não perder de vista que é *por força de lei* que esses interesses metaindividuais foram libertados do 'limbo jurídico' em que se encontravam, para se exteriorizarem como posições relevantes, dignas, portanto, de tutela jurisdicional diferenciada". (grifos do autor)

Nesse contexto, tendo em vista a inadequação da noção de *"interessi legittimi"* para o sistema jurídico brasileiro e a positivação dos interesses difusos no nosso país, a melhor denominação para o fenômeno é "direito com objeto difuso"[247], pois não é o direito que é difuso, mas é o seu objeto que pode ser difuso, entre outras classificações.

De acordo com Pontes de Miranda[248], o objeto de direito "é algum bem da vida que pode ser elemento do suporte fáctico de alguma regra jurídica, de cuja incidência emane fato jurídico, produto de direito", esclarecendo o autor que objeto do direito é "o que *pode* ser atingido pela eficácia do fato jurídico: nos direitos reais, é o substrato mesmo deles, e diz-se coisa; nos direitos de crédito, é a promessa; nos outros direitos, é a vida, a liberdade, o nome, a honra, a própria pessoa, ou a pessoa de outrem, ou outro direito".

Nos difusos, os objetos do direito podem ser: o patrimônio público ou de entidade de que o Estado participe; a moralidade administrativa; o meio ambiente; o patrimônio histórico e cultural; as relações de consumo; as relações de trabalho; os bens e direitos de valor artístico, estético, turístico e paisagístico; a ordem econômica; a ordem urbanística, entre outros.

Adverte Pontes de Miranda[249] ser "da máxima relevância evitar-se confusão entre objeto dos atos jurídicos (e até dos fatos jurídicos *stricto sensu*) e objeto de direito". Exemplifica dizendo que o objeto do negócio jurídico bilateral de compra e venda não é a coisa, mas a prestação prometida (a promessa).

O objeto do direito pode ser considerado no presente, no passado e no futuro. Segundo a lição de Pontes de Miranda, o objeto de direito "ou é considerado *no futuro*, como bem da vida que pode ser atingido pela eficácia jurídica, ou *no presente* e *no passado*, como bem da vida que foi ou está sendo atingido pela eficácia jurídica".[250] Essa observação é importante para os direitos com objeto difuso, pois muito se fala nas futuras gerações no que tange ao direito ao meio ambiente, por exemplo. Conforme observa Tesheiner[251],

---

(246) MANCUSO, Rodolfo de Camargo. Interesses difusos e coletivos. *Revista dos Tribunais*, São Paulo, Revista dos Tribunais, v. 747, p. 67-84, em especial, p. 71, jan. 1998.

(247) Não obstante entenda-se que "direito com objeto difuso" é a expressão mais adequada para o fenômeno, também se utiliza no presente trabalho a expressão "direito difuso" por ser a mais usada na doutrina e na jurisprudência pátrias.

(248) PONTES DE MIRANDA, Franscisco Cavalcanti. *Tratado de direito privado*. 3. ed. Rio de Janeiro: Borsoi, 1970. t. 2, p. 9 e 16.

(249) *Ibidem*, p. 9.

(250) *Ibidem*, p. 17.

(251) Artigo inédito, gentilmente cedido pelo autor.

"as gerações futuras guiar-se-ão por seus próprios critérios, independentemente do que dizemos agora".

Nos direitos com objeto difuso, o objeto é considerado como um só, "de natureza indivisível", segundo a legislação brasileira[252], gerando "a consequente comunhão de destinos dos respectivos titulares, de modo tal que a satisfação de um só implicaria, por força, a satisfação de todos, assim como a lesão de um só constitui lesão à inteira comunidade", conforme destaca Barbosa Moreira.[253] Essa destinação "unitária" dos direitos com objeto difuso (indivisibilidade) é uma de suas características diferenciadas. A respeito dessa característica do objeto, averba Pontes de Miranda: "o objeto é considerado como um só, se é utilizado como um só bem jurídico (utilização unitária)".[254]

Observe-se que só se pode falar em objeto de direito no plano da eficácia. Conforme destaca Pontes de Miranda[255], "no mundo jurídico, para os três planos não há a mesma sorte para os objetos, inclusive as coisas: no plano da existência jurídica, não há falar-se em objetos de direitos; nem no plano da validade; só no plano da eficácia, em que os direitos, as pretensões, as ações e as exceções se produzem, é que se pode falar em objetos de direito e, pois, em coisas". Em outros termos, o meio ambiente ou o patrimônio histórico só é objeto de direito a partir do momento em que há direito, pretensões, ações ou exceções em relação a ele, o que se dá no plano da eficácia.

Note-se que alguns direitos com objeto difuso são denominados pelo próprio ordenamento jurídico como "bens", como ocorre na Lei da Ação Civil Pública (Lei n. 7.347/85), ao tutelar "bens e direitos de valor artístico, estético, histórico, turístico e paisagístico" (art. 1º, III).

De acordo com Pontes de Miranda, o conceito de "bem", no Código Civil (ainda que o autor estivesse se referindo ao Código Civil de 1916, essa parte conceitual sobre os bens foi mantida pelo Código Civil de 2002), "é aproximadamente o de objeto de direito; mais amplo, pois, que o de coisa". Conforme Gomes[256], a noção jurídica de bem "compreende toda utilidade, física ou ideal, que possa incidir na faculdade de agir do sujeito. Abrange as coisas propriamente ditas, suscetíveis de apreciação pecuniária, e as que não comportam essa avaliação, as que são *materiais* ou não". Para o autor, o objeto dos direitos "são os bens e as prestações", portanto, os bens são um dos objetos de direito, sendo que "tomada no sentido mais claro, a palavra *bem* confunde-se com o objeto dos direitos".

---

(252) Conforme o conceito disposto no art. 81, I, da Lei n. 8.078/90. *In:* BRASIL. Lei n. 8.078, de 11 de setembro de 1990. Dispõe sobre a proteção do consumidor e dá outras providências. *Coletânea de Legislação e Jurisprudência,* Brasília. Lex: Legislação Federal e Marginália.

(253) MOREIRA, José Carlos Barbosa. Os temas fundamentais do direito brasileiro nos anos 80: direito processual civil. *Temas de direito processual.* 4. série. São Paulo: Saraiva, 1989. p. 8.

(254) PONTES DE MIRANDA, Franscisco Cavalcanti. *Tratado de direito privado.* 3. ed. Rio de Janeiro: Borsoi, 1970. t. 2, p. 9.

(255) PONTES DE MIRANDA, Franscisco Cavalcanti. *Tratado de direito privado.* 3. ed. Rio de Janeiro: Borsoi, 1970. t. 2, p. 17. Sobre os planos do mundo jurídico, ver também MELLO, Marcos Bernardes de. *Teoria do fato jurídico:* plano da existência. 8. ed. São Paulo: Saraiva, 1998. p. 79-85.

(256) GOMES, Orlando. *Introdução ao direito civil.* 18. ed. Rio de Janeiro: Forense, 2001. p. 199.

É importante sublinhar que as diferenças conceituais entre os direitos individuais homogêneos e os direitos transindividuais — direitos coletivos *stricto sensu* e direitos difusos — repercutem em um necessário tratamento diferenciado.

Impõe-se esse tratamento bifurcado, pois, de um lado, em se tratando de direitos individuais homogêneos, tem-se, em verdade, um feixe de direitos individuais, reunidos de forma coletiva para fins processuais (tutela coletiva de direitos, na expressão de Zavascki[257]), de modo que cada indivíduo é titular de um direito subjetivo, que pode ser perseguido de forma individual ou coletiva, tendo o ordenamento jurídico viabilizado a tutela coletiva apenas para permitir tratamento uniforme das pretensões e para diminuir o número de ações individuais sobre a mesma matéria. Os direitos individuais (homogêneos ou não) são pensados sob a luz da perspectiva subjetiva.

De outro lado, os direitos coletivos *stricto sensu* e os direitos difusos (tutela de direitos coletivos, na expressão de Zavascki[258]) têm por titular uma coletividade e possuem objeto que transcende os indivíduos, não sendo passíveis de apropriação individual. Nesse sentido, o Supremo Tribunal Federal[259] pronunciou que o direito ao ambiente ecologicamente equilibrado tem "titularidade coletiva e caráter transindividual", sendo atribuído "não ao indivíduo identificado em sua singularidade, mas, num sentido mais abrangente, à própria coletividade social".

A adequada tutela de direitos transindividuais exige "redimensionar e repensar inúmeros institutos do processo civil clássico[260], porquanto vários deles foram imaginados para operar — e somente conseguem operar adequadamente — no plano individual, tendo reduzida ou nenhuma função no plano coletivo", conforme adverte Arenhart[261], referindo-se às novas perspectivas de tutela em face das atuais dimensões do direito material.

O direito ao meio ambiente é um direito com objeto difuso típico, e a doutrina e a jurisprudência especializada já perceberam a importância e a necessidade de uma tutela jurídica diferenciada. Nesse sentido, Nery[262] sustenta que, "como os direitos difusos não têm

---

(257) ZAVASCKI, Teori Albino. *Processo coletivo:* tutela de direitos coletivos e tutela coletiva de direitos. 4. ed. São Paulo: Editora Revista dos Tribunais, 2009. p. 145.

(258) *Ibidem*, p. 53.

(259) SUPREMO TRIBUNAL FEDERAL. Tribunal Pleno, ADI n. 3.540-1/DF, relator Min. Celso de Mello, DJ 1º.9.2005.

(260) Nesse sentido, referindo-se ao processo coletivo, Macedo e Macedo observam que ainda "serve-se de institutos próprios do processo voltado a compor os conflitos individuais, sem o menor cuidado: legitimidade de partes, ativas e passivas, sentença, coisa julgada. Trata-se, contudo, de conflito que está a merecer um tratamento autônomo, abrindo passagem para sua identidade desvinculada do conflito individual" (MACEDO, Elaine Harzheim; MACEDO, Fernanda dos Santos. O Direito Processual Civil e a pós-modernidade. *Revista de Processo*, São Paulo, Revista dos Tribunais, v. 204, p. 351-367, em especial, p. 363, fev. 2012).

(261) ARENHART, Sérgio Cruz. *Perfis da tutela inibitória coletiva*. São Paulo: Editora Revista dos Tribunais, 2003. p. 41-42.

(262) NERY JUNIOR, Nelson; NERY, Rosa Maria de Andrade. *Código Civil anotado e legislação extravagante*. 2. ed. São Paulo: Revista dos Tribunais, 2003. p. 261; NERY, Rosa Maria de Andrade. *Indenização do dano ambiental:* responsabilidade civil e ação civil pública. Dissertação de mestrado. Pontifícia Universidade Católica de São Paulo, 1993. p. 56-57.

titular determinável, não seria correto transportar-se para o sistema de indenização dos danos causados ao meio ambiente o sistema individualístico do Código Civil, apenando, dessa forma, toda a sociedade, que, em *ultima ratio*, é a titular ao meio ambiente sadio".

Em relação a outras áreas do Direito, em que pese a matéria ainda não tenha tido a mesma repercussão, como nos casos de direito com objeto difuso nas relações de consumo e nas relações de trabalho, aos poucos as discussões estão aflorando.

Embora das relações de consumo emanem frequentes casos de direitos individuais homogêneos, delas emanam também direitos com objeto difuso, como no exemplo da propaganda enganosa ou abusiva (prevista nos arts. 6º, IV, e 37 do Código de Defesa do Consumidor), que atinge um número indeterminado de pessoas. Outro exemplo é a colocação no mercado de produtos com alto grau de nocividade ou periculosidade à saúde ou à segurança dos consumidores, o que é vedado pelo art. 10 do Código de Defesa do Consumidor.[263]

Em outro exemplo, apreciando caso de comercialização de cerveja com teor alcoólico, ainda que inferior a 0,5% em cada volume, com informação ao consumidor, no rótulo do produto, de que se trata de bebida sem álcool, o Superior Tribunal Superior de Justiça[264] entendeu que tal informação, a par de inverídica, vulnera o disposto nos arts. 6º e 9º do CDC, ante o risco à saúde de pessoas indeterminadas, impelidas ao consumo.

Nesses casos, o direito é indivisível e os titulares são indeterminados, não havendo entre eles uma relação jurídica base, mas mera circunstância de fato.

Em todos esses casos e nos demais em que haja violação de direito do consumidor com objeto difuso, há a presença das típicas características de indivisibilidade e indisponibilidade do objeto.

Nas relações de trabalho, ainda que o Direito Coletivo do Trabalho contemple os exemplos talvez mais típicos de direito coletivo *stricto sensu* — de que seja titular categoria ou grupo de pessoas ligadas entre si ou com a parte contrária por uma relação jurídica base, que, no caso, geralmente é o contrato de emprego —, há também direitos com objeto difuso.

Vejam-se alguns exemplos de direitos com objeto difuso oriundos das relações de trabalho: a) greve em serviços ou atividades essenciais, em que as atividades inadiáveis da comunidade não são atendidas pelos sujeitos da relação de trabalho — empregados e empregadores, causando prejuízos à coletividade; b) tutela inibitória (obrigação de não fazer) com relação a uma empresa que exige dos inúmeros e indeterminados candidatos a emprego (portanto, antes de haver vínculo jurídico) certidão negativa da Justiça do Trabalho sobre a inexistência do ajuizamento de eventual ação trabalhista[265]; c) discriminação na seleção

---

(263) WATANABE, Kazuo [*et al.*]. *Código brasileiro de defesa do consumidor:* comentado pelos autores do anteprojeto. 6. ed. Rio de Janeiro: Forense Universitária, 1999. p. 720.

(264) SUPERIOR TRIBUNAL DE JUSTIÇA. 3ª Turma, REsp n. 1.181.066, rel. Ministro Vasco Della Giustina, DJ 15.3.2011.

(265) Trata-se da prática conhecida por "listas negras" de empregados que litigam na Justiça do Trabalho, os quais, ante a divulgação de seus nomes, perdem a chance de conquista de novo posto de trabalho. O Tribunal Superior

para vaga de emprego (portanto, antes de haver vínculo jurídico de emprego), atingindo pessoas indeterminadas, como em relação a negros ou portadores de deficiências físicas, mulheres grávidas, idosos, índios, estrangeiros, menores, ou a prática de qualquer outro tipo de discriminação vedada pela Constituição Federal.[266]

Outro exemplo de direitos com objeto difuso na área trabalhista é a situação de redução análoga à condição de escravo, com atuação dos Auditores Fiscais do Trabalho, do Ministério Público do Trabalho e de Juízes do Trabalho.[267] Conforme Fava, "dispensável é ponderar a impossibilidade de defesa individual dos interesses desses trabalhadores, semicidadãos, isolados, desamparados e combalidos pela submissão escravocrata. As hipóteses de violação encetam direitos difusos — resumidos pela proteção da ordem jurídica justa — e individuais homogêneos — consistentes nos créditos individuais dos trabalhadores, para quitação de salário, descanso remunerado, adicionais de pagamento por trabalho insalubre ou perigoso etc.".

O fato de, na ação coletiva, existir pedido de indenização por dano moral coletivo não significa que a demanda trate de direitos patrimoniais e muito menos de direitos individuais disponíveis.[268] A indisponibilidade do objeto do direito tutelado é essencial para a configuração dos direitos trabalhistas com objeto difuso.[269] Nesse sentido, o Tribunal Superior do Trabalho[270] entendeu que "a eventual celebração de acordo pelo Ministério Público não tem o condão de transformar a natureza do direito indisponível, tutelado de forma a torná-lo um direito disponível".

---

do Trabalho, buscando evitar a utilização de sua base de dados para esse fim, proibiu, a partir de 2003, a consulta de processos a partir do nome do reclamante.

(266) Esses exemplos, entre outros, são indicados por MELO, Raimundo Simão de. *Ação civil pública na justiça do trabalho.* 4. ed. São Paulo: LTr, 2012. p. 31-32.

(267) O Projeto de Lei n. 146/2012, de iniciativa do Senado Federal, visa a alterar a Lei n. 9.008, de 21 de março de 1995, para incluir, dentre as finalidades do Fundo de Defesa de Direitos Difusos, a reparação dos danos causados no âmbito das relações do trabalho, e a Lei n. 7.347, de 24 de julho de 1985, para dispor sobre a destinação dos recursos financeiros provenientes de multas fixadas em condenação de ações civis públicas que envolvam danos causados a bens e direitos coletivos ou difusos de natureza trabalhista em ações de prevenção e de combate ao trabalho escravo. Conforme a exposição de motivos desse Projeto de Lei, segundo o Ministério Público do Trabalho, há cerca de 20 mil trabalhadores atuando em condição análoga à escravidão. O trabalho escravo, no Brasil, atinge a população mais vulnerável, composta por analfabetos, sendo a forma de ocorrência mais comum a servidão por dívida, sucessora imediata da clássica escravidão dos afrodescendente. Sobre o tema, ver: MATTJE, Emerson Tyrone. *Expressões contemporâneas de trabalho escravo:* sua repercussão penal no Brasil. Santa Cruz: EDUNISC, 2006. p. 11-25.

(268) Sobre o dano moral coletivo na esfera trabalhista, ver: MEDEIROS NETO, Xisto Tiago de. *Dano moral coletivo.* 3. ed. São Paulo: LTr, 2012. p. 187-188; ROMITA, Arion Sayão. Dano moral coletivo. *Revista do Tribunal Superior do Trabalho,* v. 73, n. 2, p. 79-87, abr./jun. 2007; BELMONTE, Alexandre Agra. Responsabilidade por danos morais nas relações de trabalho. *Revista do Tribunal Superior do Trabalho,* Brasília, v. 73, n. 2, p. 158-185, abr./jun. 2007; DALLEGRAVE NETO, José Affonso. Controvérsias sobre o dano moral trabalhista. *Revista do Tribunal Superior do Trabalho,* v. 73, n. 2, p. 186-202, abr./jun. 2007; MARTINEZ, Luciano. O dano moral social no âmbito trabalhista. *Revista do Tribunal Regional do Trabalho da 14ª Região,* Porto Velho, v. 6, n. 2, p. 553-572, jul./dez. 2007.

(269) LEITE, Carlos Henrique Bezerra. *Ministério Público do Trabalho:* doutrina, jurisprudência e prática. 2. ed. rev. e atual. São Paulo: LTr, 2002. p. 230-231; OLIVEIRA, Francisco Antônio de. Da ação civil pública: instrumento de cidadania. *Revista LTr,* São Paulo, LTr, v. 61, n. 7, p. 885, jul. 1997.

(270) TRIBUNAL SUPERIOR DO TRABALHO. 1ª Turma, RR 21242/2002/-900-10-00, relator Ministro Lélio Benites Corrêa, DJ 16.4.2004.

Estabelecidas essas premissas, passa-se, agora, ao estudo dos direitos e dos deveres com objeto difuso sob a perspectiva objetiva, avançando para a tutela de Direito objetivo e alguns desdobramentos importantes e necessários para o desiderato do presente trabalho.

2.2. A dupla perspectiva dos direitos fundamentais. Aplicação do Direito objetivo. O exemplo do Direito Coletivo do Trabalho. Direitos e deveres com objeto difuso a partir da perspectiva objetiva dos direitos fundamentais

Os direitos e os deveres com objeto difuso precisam ser estudados a partir da Constituição e dos direitos e dos deveres fundamentais. Os direitos e os deveres fundamentais vinculam-se (ainda que essa vinculação não seja exclusiva) ao que passou a ser denominado de perspectiva ou dimensão objetiva dos direitos fundamentais, que os considera não apenas sob o ponto de vista da pessoa individual e sua posição perante o Estado (perspectiva subjetiva), mas também valoriza o ponto de vista da sociedade, da comunidade na sua totalidade (perspectiva objetiva), quando se tratar de valores e fins que ultrapassem a esfera do indivíduo tanto em direitos como em deveres.[271]

A constatação de que os direitos fundamentais possuem dupla perspectiva (objetiva e subjetiva) constitui uma das mais relevantes formulações do direito constitucional contemporâneo, de acordo com Sarlet.[272]

Analisando a dupla perspectiva dos direitos fundamentais, Hesse[273] diz que, por um lado, "eles são *direitos subjetivos*, direitos do particular", e, por outro lado, "eles são *elementos fundamentais da ordem objetiva* da coletividade". (grifou-se)

Canotilho[274] assim diferencia o que ele chama de "fundamentação" subjetiva e objetiva dos direitos fundamentais:

> Um fundamento é subjectivo quando se refere ao significado ou relevância da norma consagradora de um direito fundamental para o *particular*, para os seus interesses, para a situação da vida, para a sua liberdade. Assim, por ex., quando se consagra, no art. 37º/1 da CRP, o 'direito de exprimir e divulgar livremente o seu pensamento pela palavra, pela imagem ou por qualquer outro meio', verificar-se-á um fundamento *subjectivo* ou *individual* se estiver em causa a importância desta norma para o indivíduo, para o desenvolvimento da sua personalidade, para os seus interesses e ideias. [...]
>
> [...] Fala-se de uma fundamentação objectiva de uma norma consagradora de um direito fundamental quando se tem em vista o seu significado para

---

(271) SARLET, Ingo Wolfgang. *A eficácia dos direitos fundamentais:* uma teoria geral dos direitos fundamentais na perspectiva constitucional. 10. ed. Porto Alegre: Livraria do Advogado, 2011. p. 141.

(272) *Idem.*

(273) HESSE, Konrad. *Elementos de Direito Constitucional da República Federal da Alemanha.* Trad. Luís Afonso Heck. Porto Alegre: Fabris, 1998. p. 228.

(274) CANOTILHO, José Joaquim Gomes. *Direito Constitucional.* 5. ed. Coimbra: Almedina, 1991. p. 546. Nesse sentido, também ANDRADE, José Carlos Vieira de. *Os direitos fundamentais na constituição portuguesa de 1976.* 3. ed. Coimbra: Almedina, 2004. p. 114.

a colectividade, para o interesse público, para a vida comunitária. É esta 'fundamentação objectiva' que se pretende salientar quando se assinala à 'liberdade de expressão' uma 'função objectiva', um 'valor geral', uma 'dimensão objectiva' para a vida comunitária ('liberdade institucional'). (grifos do autor)

Esse ângulo de visão — perspectiva objetiva — elastece a compreensão do tema, adequando-se à largueza dos direitos e dos deveres com objeto difuso[275], embora não se possa nem se queira negar que a agressão a um bem difuso também pode ferir direitos individuais (mas os direitos individuais não são o objeto do presente trabalho). Pelo contrário, em muitos casos, há coexistência entre ambas as perspectivas[276], quando um mesmo fato (poluição de um rio, por exemplo) gera lesão ou ameaça de lesão a direitos com objeto difuso (perspectiva objetiva) e lesão ou ameaça de lesão a direitos individuais (perspectiva subjetiva).

A doutrina especializada tem realçado a coexistência da dupla perspectiva dos direitos fundamentais. Nesse sentido, Mendes[277], *apud* Hesse, sustenta que conquanto a perspectiva subjetiva seja a de maior realce dos direitos fundamentais, "ela convive com uma dimensão objetiva — ambas mantendo uma relação de remissão e de complemento recíproco".

Igualmente, nessa linha de valorização da dupla perspectiva dos direitos fundamentais, Marinoni[278] refere que "geralmente convivem, na norma de direito fundamental, as perspectivas objetiva e subjetiva", destacando que, além de poder ser pensada nessas duas perspectivas, uma mesma norma de direito fundamental pode instituir um direito fundamental dotado de diversas e complexas funções, remetendo ao tema da chamada multifuncionalidade dos direitos fundamentais.

A face objetiva dos direitos fundamentais transcende a face subjetiva, atuando como "uma espécie de mais-valia jurídica, no sentido de um reforço da juridicidade das normas de direitos fundamentais", conforme Sarlet.[279]

Saliente-se que a perspectiva objetiva possui "função autônoma" na concretização do Direito, mediante o "reconhecimento de efeitos jurídicos autônomos", consoante explica Sarlet[280]: "cuida-se aqui de apontar para os desdobramentos da perspectiva

---

(275) COIMBRA, Rodrigo. Direitos e deveres com objeto difuso a partir da perspectiva objetiva dos direitos fundamentais. *Revista de Direito Ambiental*, São Paulo, Revista dos Tribunais, n. 71, p. 117-138, em especial p. 119, jul.-set. 2013.

(276) Nesse sentido: PISARELLO, Gerardo. *Los derechos sociales y sus garantías*. Madrid: Trotta, 2007. p. 72; SARLET, Ingo Wolfgang. Direitos fundamentais e processo: o direito à proteção e promoção da saúde entre tutela individual e transindividual. *Revista de Processo*, São Paulo, Revista dos Tribunais, v. 199, p. 13-39, em especial, p. 23-24, set. 2011; LEDUR, José Felipe. *Direitos fundamentais sociais*. Efetivação no âmbito da democracia participativa. Porto Alegre: Livraria do Advogado, 2009. p. 85-86.

(277) MENDES, Gilmar Ferreira; BRANCO, Paulo Gustavo Gonet. 6. ed. *Curso de Direito Constitucional*. São Paulo: Saraiva, 2011. p. 189.

(278) MARINONI, Luiz Guilherme. *Teoria geral do processo*. 4. ed. São Paulo: Revista dos Tribunais, 2010. p. 74.

(279) SARLET, Ingo Wolfgang. *A eficácia dos direitos fundamentais*: uma teoria geral dos direitos fundamentais na perspectiva constitucional. 10. ed. Porto Alegre: Livraria do Advogado, 2011. p. 141, 147 e 228.

(280) *Idem*.

objetiva dos direitos fundamentais na qualidade de efeitos potencialmente autônomos, no sentido de não necessariamente atrelados aos direitos fundamentais consagradores de direitos subjetivos".

No âmbito do direito ambiental — típico direito com objeto difuso —, Amado Gomes[281] posiciona-se contrariamente ao reconhecimento subjetivo ao meio ambiente, sustentando que ele deve ser pensado sob uma perspectiva exclusivamente objetiva.

Canotilho[282], examinando o ordenamento jurídico português, entende que o direito ao ambiente é um direito subjetivo. Demonstrando que a compreensão dessa questão depende do ordenamento jurídico de cada país. O autor refere que o direito ao ambiente não é um direito subjetivo no direito constitucional espanhol, "porque não assegura, só por si, um direito de acção em tribunal".

Sarlet e Fensterseifer[283] não admitem que o direito ambiental seja apreciado exclusivamente a partir da perspectiva objetiva, compreendendo-o sob a dupla perspectiva (objetiva e subjetiva). Não obstante, Sarlet reitera a importância da perspectiva objetiva como "terreno fértil" para desenvolvimentos, enfatizando que:

> Este processo de valorização dos direitos fundamentais "na condição de normas de direito objetivo enquadra-se, de outra banda, naquilo que foi denominado de uma autêntica mutação dos direitos fundamentais (*Grundrechtswandel*) provocada não só — mas principalmente — pela transição do modelo Liberal para o do Estado Social e Democrático de Direito, como também pela conscientização da insuficiência de uma concepção dos direitos fundamentais como direitos subjetivos de defesa para a garantia de uma liberdade efetiva para todos, e não apenas daqueles que garantiram para si sua independência social e o domínio de seu espaço de vida pessoal.[284]

---

(281) "[...] entendemos ser o direito ao ambiente uma fórmula vazia de significado jurídico em virtude da impossibilidade de determinação de um conteúdo para tal posição jurídica, a construção baseia-se na 2ª parte do n. 1 do art. 66º da CRP, que autonomiza o dever fundamental de protecção do ambiente, densificável a partir da definição de prestações concretas relativamente a bens naturais determinados. Esta nossa construção pressupõe, no entanto, a existência de deveres (de protecção do ambiente) *por causa* do exercício de direitos (de circulação, de propriedade, de investigação científica). Ou seja, sobretudo na presença de obrigações de *facere*, o raciocínio implica que o dever de protecção do ambiente — cuja configuração concreta depende da(s) actividade(s) desenvolvida(s) pelo sujeito —, emerja como contrapartida do exercício de determinados direitos. Não significa isto que o dever de protecção do ambiente seja correlativo de um direito com o mesmo objeto — já vimos que essa orientação é de rejeitar. Trata-se, isso sim, de verificar uma ligação incindível entre uma responsabilidade individual de uso racional de um bem de uso colectivo e a pretensão jurídica de levar a cabo determinadas actividades que, pela sua incidência ambiental, requerem cuidados mais ou menos acrescidos" (GOMES, Carla Amado. *Risco e modificação do acto autorizativo concretizador de deveres de protecção do ambiente*. Lisboa: Faculdade de Direito de Lisboa, 2007. p. 129).

(282) CANOTILHO, José Joaquim Gomes. O direito ao ambiente como direito subjectivo. In: *Estudos sobre direitos fundamentais*. Coimbra: Coimbra, 2004. p. 186-187.

(283) SARLET, Ingo Wolfgang; FENSTERSEIFER, Tiago. *Direito Constitucional Ambiental:* estudos sobre a Constituição, os direitos fundamentais e a proteção do ambiente. São Paulo: Revista dos Tribunais, 2011. p. 130.

(284) SARLET, Ingo Wolfgang. *A eficácia dos direitos fundamentais:* uma teoria geral dos direitos fundamentais na perspectiva constitucional. 10. ed. Porto Alegre: Livraria do Advogado, 2011. p. 151.

Em que pese o aprofundamento acerca dessa querela no âmbito do direito ambiental fuja dos limites do presente trabalho, partilha-se do entendimento de Amado Gomes e, ampliando-o, entende-se que os direitos com objeto difuso devem ser pensados sob a perspectiva objetiva e não são passíveis de subjetivação. São "direitos assubjetivos" ou "Direito objetivo não subjetivado", conforme as expressões de Pontes de Miranda.[285]

Em clara alusão aos interesses transindividuais, Pontes de Miranda[286] afirma que há casos em que, "sem terem os particulares direitos subjetivos, a relevância do interêsse geral sugeriu que a esses se atribuísse ação dita popular (*actio popularis*)". Conclui o autor, na sequência do seu raciocínio: "destarte, há interesses protegidos, sem que se chegue, tecnicamente, à subjetivação".

Na linha de não subjetivação dos direitos coletivos, Clóvis do Couto e Silva refere que "há um problema semelhante em matéria de tutela de interesses coletivos. Estes interesses não podem ser qualificados como direitos subjetivos".[287]

Nessa trilha, Tesheiner[288] afirma que "pelo menos quanto aos direitos difusos, é fácil ver-se que não se trata de direitos subjetivos".

Tratando da correlação entre Direito e dever, Pontes de Miranda[289] diz que "o dever de atender à regra jurídica não é correlativo dos direitos que a regra jurídica cria ou transforma", ou seja, que o Direito objetivo pode optar por não criar direitos subjetivos, destacando que "o direito objetivo pode ser perfeito sem existir tal garantia"[290] (direito subjetivo).

Ajuda a compreender a matéria o exemplo dado por Pontes de Miranda:

> A regra que manda abrir a tantas horas os jardins públicos e fechá-los a certo momento da noite, ou conservá-los sempre abertos para que todos êles passem, possam sentar-se, descansar, é direito não subjetivo. Os passantes, os frequentadores e os que dêles se servem para ler, trabalhar, como as mulheres que aproveitam a sombra das árvores para coser ou vigiar crianças, não têm direito subjetivo a isso, porque nem todos os direitos e posições jurídicas *que se gozam* são direitos subjetivos.[291]

Frise-se o ponto: "nem todos os direitos e posições jurídicas *que se gozam* são direitos subjetivos" e isso não significa que não sejam passíveis de realização. Note-se que Pontes de Miranda grifou em itálico a expressão "que se gozam", evidenciando a possibilidade

---

(285) PONTES DE MIRANDA, Francisco Cavalcanti. *Tratado da ação rescisória.* 3. ed. Rio de Janeiro: Borsoi, 1957. p. 12.
(286) PONTES DE MIRANDA, Franscisco Cavalcanti. *Tratado de direito privado.* Rio de Janeiro: Borsoi, 1955. t. 5, p. 228.
(287) COUTO E SILVA, Clóvis Veríssimo do. O conceito de dano no Direito brasileiro e comparado. *In:* FRADERA, Vera Jacob (Org.). *O Direito Privado brasileiro na visão de Clóvis do Couto e Silva.* Porto Alegre: Livraria do Advogado, 1997. p. 217-235, em especial, p. 222. Esse artigo foi publicado originalmente na *Revista dos Tribunais*, ano 80, v. 667, maio 1991.
(288) TESHEINER, José Maria Rosa. Jurisdição e direito objetivo. *Justiça do Trabalho*, n. 325, p. 31, jan. 2011.
(289) PONTES DE MIRANDA, Francisco Cavalcanti. *Tratado da ação rescisória.* 3. ed. Rio de Janeiro: Borsoi, 1957. p. 12.
(290) *Ibidem*, p. 9.
(291) *Ibidem*, p. 6.

de fruição de certos direitos sem haver direito subjetivo. Esse exemplo de utilização dos parques públicos é tipicamente um interesse/direito difuso (ainda que o autor não tenha mencionado isso, pois não lhe interessava essa abordagem).

De fato, o direito subjetivo não é a única forma de gozar os direitos, nem a única posição jurídica subjetiva, ainda que seja hegemônica na nossa tradição jurídica. Analisando essa matéria, Hohfeld[292] aponta quatro significados básicos para as expressões "direito" e "dever", a partir da constatação de que um dos maiores obstáculos para a compreensão clara dos problemas jurídicos surge com frequência da suposição expressa ou tácita de que todas as relações jurídicas podem ser reduzidas a "direitos" (subjetivos) e "deveres".

Essa constatação de Hohfeld é a principal causa dos obstáculos para a adequada compreensão dos direitos com objeto difuso.

Para Hohfeld[293], dependendo do contexto, a expressão "direito" pode assumir quatro significados básicos: *rights* (direitos em sentido subjetivo), *liberty-rights* (privilégios), *powers* (poderes) e *immunities* (imunidades). Esses "direitos" mantêm duas relações lógicas de correlação e de oposição com outros quatro conceitos: *duty* (dever), *no-rights* (não direitos), *liability* (sujeição) e *disability* (incompetência). Estariam em correlação os conceitos: direito/dever; privilégio/não direito; poder/sujeição; imunidade/incompetência. E, em relação de oposição (negação): direito/não direito; privilégio/dever; poder/incompetência; imunidade/sujeição.

Desse trabalho analítico decorrem as seguintes considerações de Hohfeld[294]: a) ter direito-pretensão diante de alguém significa estar em posição de exigir algo de alguém; b) ter um privilégio diante de alguém significa não estar sujeito a qualquer pretensão sua; c) ter um poder diante de alguém significa a capacidade jurídica (competência) de modificar a situação jurídica desse alguém; d) ter uma imunidade diante de alguém significa que esse alguém não tem o poder normativo de alterar-lhe a situação jurídica, pois é incompetente normativamente para isso.

A hegemonia dos direitos (subjetivos) e dos deveres que Hohfeld critica e para as quais aponta sugestões, demonstrando, acima de tudo, a inadequação do "reducionismo" a essas duas posições jurídicas, tem outro desdobramento importante: a primazia quase absoluta dos direitos subjetivos em detrimento dos deveres.

Essa "hipertrofia dos direitos" encontra razão de ser, por um lado, na configuração do modelo de Estado Constitucional e do que se poderia designar de uma "herança liberal", no sentido de compreender a posição do indivíduo em face do Estado como a de titular de prerrogativas de não intervenção na sua esfera pessoal. E, por outro lado, guarda conexão com a noção de um cidadão pouco (ou quase nada) comprometido com a sua comunidade e seus semelhantes, que, na perspectiva do Estado Constitucional, acabou desafiando uma mudança.[295]

---

(292) HOHFELD, Wesley Newcomb. *Some fundamental legal conceptions as applied in judicial reasoning*. Yale: Yale Law Journal Company, 1913. p. 30.
(293) *Ibidem*, p. 30-59.
(294) *Idem*.
(295) NABAIS, José Casalta. *O dever fundamental de pagar impostos*. Coimbra: Livraria Almedina, 1998. p. 16 e 59.

Conforme Casalta Nabais[296], o tema dos deveres fundamentais é reconhecidamente um dos mais "esquecidos" pela doutrina constitucional contemporânea, não dispondo de um regime constitucional equivalente (ou mesmo aproximado) àquele destinado aos direitos fundamentais. No âmbito da doutrina constitucional contemporânea, Sarlet[297] assevera que os deveres fundamentais não tiveram destino diferente, sendo praticamente inexistente o seu desenvolvimento doutrinário e jurisprudencial.

Aliás, o tema dos deveres fundamentais possui íntima relação com participação ativa dos cidadãos na vida pública e implica um "empenho solidário de todos na transformação das estruturas sociais", conforme adverte Vieira de Andrade.[298] Nessa linha, Amado Gomes[299] afirma que a figura do dever fundamental "assenta na lógica da solidariedade responsável inerente ao Estado Social".

Abordando essa temática no cenário constitucional brasileiro, especialmente naquilo que está delineado para a tutela ecológica, Sarlet e Fensterseifer[300] esclarecem que "encontra forte justificação no (e guarda íntima relação com o) princípio (e dever) constitucional de solidariedade, sem prejuízo das possibilidades no campo da assim designada eficácia do direito (mais propriamente, do complexo de direitos e deveres) fundamental à proteção e promoção do ambiente nas relações entre particulares".

Acrescenta Casalta Nabais[301] que as limitações aos direitos fundamentais não se encontram unicamente fundamentadas na ordem subjetiva das liberdades ou dos direitos dos outros particulares, mas, também, por razões de ordem objetiva, representadas pelas justas exigências da moral, da ordem pública e do bem numa sociedade democrática.

A despeito disso, exige-se um mínimo de responsabilidade social no exercício da liberdade individual e implica, segundo Sarlet, "a existência de deveres jurídicos (e não apenas morais) de respeito pelos valores constitucionais e pelos direitos fundamentais, inclusive na esfera das relações entre privados, justificando, inclusive, limitações ao exercício dos direitos fundamentais".

Nesse cenário de inter-relação entre direitos e deveres fundamentais notadamente por meio da perspectiva objetiva dos direitos fundamentais, encontram explicação os direitos com objeto difuso. Foi o reconhecimento dos direitos sociais e ecológicos que, já no âmbito do Estado Constitucional, acabou levando a um fortalecimento da noção de deveres fundamentais.[302]

---

(296) NABAIS, José Casalta. *O dever fundamental de pagar impostos*. Coimbra: Livraria Almedina, 1998. p. 15.

(297) SARLET, Ingo Wolfgang. *A eficácia dos direitos fundamentais:* uma teoria geral dos direitos fundamentais na perspectiva constitucional. 10. ed. Porto Alegre: Livraria do Advogado, 2011. p. 226.

(298) ANDRADE, José Carlos Vieira de. *Os direitos fundamentais na constituição portuguesa de 1976*. 3. ed. Coimbra: Almedina, 2004. p. 155.

(299) GOMES, Carla Amado. *Risco e modificação do acto autorizativo concretizador de deveres de protecção do ambiente*. Lisboa: Faculdade de Direito de Lisboa, 2007. p. 105.

(300) SARLET, Ingo Wolfgang; FENSTERSEIFER, Tiago. *Direito Constitucional Ambiental:* estudos sobre a Constituição, os direitos fundamentais e a proteção do ambiente. São Paulo: Revista dos Tribunais, 2011. p. 130.

(301) NABAIS, José Casalta. *O dever fundamental de pagar impostos*. Coimbra: Livraria Almedina, 1998. p. 30-31.

(302) *Ibidem*, p. 49-50.

Procurando um caminho adequado para a fundamentação do que denomina "fenômeno jurídico de interesse transindividual", Nery[303] diz que pensar o direito valendo-se, tão somente, das relações intersubjetivas é compreender parcialmente o sistema jurídico, posto que algumas realidades, entre elas as de interesses transindividuais, não são por elas suficientemente explicadas. Sustenta a autora[304] que a terminologia relações jurídicas nem sempre é a mais adequada, sobretudo, quando se trata de casos com conteúdo mais abrangente que o de relações intersubjetivas, como nos direitos ou interesses transindividuais. Para esses casos, que não se encaixam na estrutura limitada das relações subjetivas, a autora entende mais adequado partir da perspectiva das situações jurídicas, seguindo a doutrina de Roubier.[305]

Nesse contexto, tendo em vista a grande dificuldade conceitual do "fenômeno de interesse transindividual" decorrente da absoluta impossibilidade de identificação do

---

(303) NERY, Ana Luíza Barreto de Andrade Fernandes. O fenômeno jurídico de interesse transindividual. *Revista de Direito Privado*, v. 36, p. 33-49, em especial p. 36, out. 2008.

(304) NERY, Ana Luíza Barreto de Andrade Fernandes. O fenômeno jurídico de interesse transindividual. *Revista de Direito Privado*, v. 36, p. 33-49, em especial p. 36, out. 2008. A autora segue o entendimento de Rosa Maria de Andrade Nery, que também usa a expressão "situações jurídicas", argumentando que "quando a doutrina trata das ações do sujeito em sociedade costuma elaborar a estrutura do raciocínio jurídico em torno da realidade de que o Direito é uma ciência relacional, de sujeitos com outros sujeitos, a partir de cujas *relações jurídicas* o Direito se realiza. Supõe que todo ato, ou ação, seja *imediatamente* relacional com outro sujeito, o que na verdade, não necessariamente ocorre num primeiro momento. Por isso que se diz, com acerto, que a peça fundamental do Direito realizado é *situação* jurídica e não a relação jurídica" (grifos da autora), conforme NERY, Rosa Maria de Andrade. *Noções preliminares de direito civil*. São Paulo: Revista dos Tribunais, 2002. p. 123.

(305) Duguit e Roubier enxergaram a necessidade de ver algo diferente do direito subjetivo. Duguit é conhecido por negar a existência do direito subjetivo, que ele considera uma ficção, assim como a pessoa jurídica. Destaca que a existência de direito subjetivo somente se coloca em face de um ato voluntário violador da lei. E, como nem sempre a vontade está presente, a possibilidade de pôr em movimento uma via de direito não é sinal certo da existência de direito subjetivo (tudo conforme TESHEINER, José Maria Rosa. Doutrina de Duguit a respeito do direito subjetivo. *Páginas de Direito*, Porto Alegre, 15 maio 2002. Disponível em: <http://www.tex.pro.br/tex/listagem-de-artigos/267-artigos-mai-2002/4705-doutrina-de-duguit-a-respeito-do-direito-subjetivo> Acesso em: 14 nov. 2012. Para Paul Roubier, a técnica jurídica busca identificar duas situações jurídicas: as subjetivas e as objetivas. O sujeito de direito, nas relações jurídicas que integra, por sua decisão, invariavelmente visa à obtenção de determinado bem ou vantagem, um interesse. A titularidade jurídica do direito desdobra-se em prerrogativas — poderes e faculdades — e em um complexo de deveres, ônus e obrigações, relacionado sistematicamente àquelas. Esse entrelaçamento de prerrogativas e complexo de deveres, ônus e obrigações conforma a situação jurídica subjetiva. As situações jurídicas objetivas são definidas pelo Direito objetivo e não se caracterizam pela decisão do sujeito de nelas se investir, mas se constituem a partir de certos atos ou fatos que implicam a ordem pública. Por isso, são caracterizadas não por direitos subjetivos — como prerrogativas ou vantagens perseguidas pelos sujeitos de direito — mas por deveres que são sancionados pelo direito positivo, tendo em vista exigências de ordem pública. Nas situações jurídicas objetivas, "é o direito objetivo que comanda e suas disposições imperativas não estão estabelecidas para satisfazer desejos de particulares, mas a determinadas exigências de ordem pública". Nas palavras originais: "Dans les situations juridiques objectives, c'est le droit objectif qui commande, et ses dispositions impératives non sont pas établies en vue de satisfaire aux désirs des particuliers, mais bien à certaines exigences de l'ordre public". Um exemplo de situação jurídica objetiva seria "a solução para suprir a incapacidade da parte provém automaticamente da lei (maioria) ou de um processo de interdição ou de uma determinação do Conselho Judicial" ("La fin de l'incapacitè résulte, soit automatiquement de la loi (majoritè) soit d'un jugement de main-levée d'interdiction ou de dation de conseil judiciaire" – p. 10). O autor divide as situações jurídicas objetivas em: a) *situations réactionnelles* (situações reacionais) citando como exemplo a ação fundada em um delito ou quase delito (responsabilidade); b) *situations institutionnelles* (situações institucionais) citando como exemplos situações envolvendo questões de família e o casamento, tudo conforme ROUBIER, Paul. *Droits subjectifs et situations juridiques*. Paris: Dalloz, 1963. p. 10 e 73.

sujeito de direito que é o titular do interesse protegido e que, no caso dos interesses difusos, esses não partem de uma relação jurídica base (como ocorre nos direitos ou interesses coletivos *stricto sensu*), mas exsurgem de situações de fato, de largo espectro social. Sustenta Nery[306] que o sistema da técnica do direito realizado a partir de situações jurídicas objetivas viabiliza uma compreensão significativamente mais adequada do sistema de interesses difusos.

De fato, os direitos com objeto transindividual exigem o redimensionamento de conceitos jurídicos fundamentais que operam no âmbito dos direitos individuais, por isso, se expôs a tentativa de explicar o fenômeno proposta por Nery.

Todavia, pensar os direitos difusos sob a perspectiva "situacional", em vez de "relacional", não é o melhor caminho para a solução dessa problemática. Seguindo Pontes de Miranda[307], não se abre mão da noção de relação jurídica na compreensão do Direito.

Nesse passo de propor noções jurídicas mais adequadas aos direitos com objeto difuso, entende-se mais adequado trabalhar com eles na perspectiva objetiva dos direitos fundamentais e com a aplicação do Direito objetivo.

Destacando a importância da realização do Direito objetivo, Pontes de Miranda[308] reafirma que "a finalidade preponderante, hoje, do processo é a realizar o Direito, o direito objetivo, e não só, menos ainda precipuamente, os direitos subjetivos". E o processo, segundo Pontes de Miranda[309], manifestará sua importância, justamente quando não houver a realização espontânea (automática) do Direito objetivo: "o processo não é mais do que o corretivo da imperfeita realização automática do direito objetivo".

Tesheiner[310] sustenta que, para explicar a tutela jurisdicional dos chamados direitos difusos, como a do meio ambiente, por exemplo, não se precisa lançar mão da noção de direitos subjetivos — noção que, nesse particular, "apenas turva a clareza do pensamento" —, podendo-se chegar à concretização pela aplicação do Direito objetivo: "nas ações relativas aos chamados 'direitos difusos', o juiz aplica, e às vezes também cria

---

(306) Nesse sentido, NERY, Ana Luíza Barreto de Andrade Fernandes. O fenômeno jurídico de interesse transindividual. *Revista de Direito Privado*, v. 36, p. 33-49, em especial, p. 33, out. 2008.

(307) "Relação jurídica é a relação inter-humana, a que a regra jurídica, incidindo sôbre os fatos, torna jurídica. [...]. O direito só se interessa pelo inter-humano; por isso, regra relações, cria-as, modifica-as, extingue-as" (PONTES DE MIRANDA, Francisco Cavalcanti. *Tratado de direito privado*. 4. ed. São Paulo: Revista dos Tribunais, 1974. t. 1, p. 117 e 133).

(308) PONTES DE MIRANDA, Francisco Cavalcanti. *Comentários ao Código de Processo Civil*. Rio de Janeiro: Forense, 1999. t. 1, p. 77. A importância da concretização do ordenamento jurídico objetivo também é destacada por Molinaro e Milhoranza: "Jurisdição, no seu núcleo duro, é o poder do Estado de dizer o direito, que é, ademais de concretizar o ordenamento jurídico objetivo" (MOLINARO, Carlos Alberto; MILHORANZA, Mariângela Guerreiro. Processo e direitos fundamentais — brevíssimos apontamentos. *Revista Brasileira de Direito Processual*, Belo Horizonte: Fórum, n. 79, p. 127-145, em especial, p. 139, jul./set. 2012).

(309) PONTES DE MIRANDA, Francisco Cavalcanti. *Comentários ao Código de Processo Civil*. Rio de Janeiro: Forense, 2001. t. 1, p. 78.

(310) TESHEINER, José Maria Rosa. Revista eletrônica sobre os chamados "direitos difusos". *Processos Coletivos*, Porto Alegre, v. 3, n. 4, out./dez. 2012. Disponível em: <http://www.processoscoletivos.net/~pcoletiv/component/jcomments/feed/com_content/724> Acesso em: 24 out. 2012.

Direito objetivo". O autor justifica arguindo que há extensões do Direito objetivo que não geram direitos subjetivos, como no caso dos interesses difusos, e exemplifica: "não se precisa da ideia de 'direito ao ar puro', para explicar a proibição de poluir".

Há criação ou aplicação do Direito objetivo — inexistindo direito subjetivo nesses casos —, quando o Judiciário, por exemplo: a) determina a um Município (Tubarão – SC) a elaboração, no prazo de um ano, de projeto executivo de sistema de esgoto sanitário e a implementação, em dois anos, de rede de esgotos que sirva a 50% da população, devendo chegar à cobertura total no prazo de cinco anos; b) determina que empresas de ônibus regularizem o serviço de quatro linhas de ônibus (no Rio de Janeiro); c) determina que hospital restabeleça atendimento (em Duque de Caxias – RJ); d) obriga fabricante (Unilever) a informar, nas embalagens dos produtos que são comercializados, dados essenciais, como prazo de validade e medidas a serem adotadas no caso de ingestão indevida, de forma que possibilite a fácil leitura e compreensão pelo consumidor; e) impede a cobrança de ponto de extra de TV por assinatura; f) mantém proibição de extração de areia nas margens do Rio Paraná.[311]

Tratando dos processos de controle concentrado de constitucionalidade, Zavascki[312] averba que, nesses casos, há aplicação de Direito objetivo: "faz-se atuar a jurisdição com o objetivo de tutelar não direitos subjetivos, mas sim a própria ordem constitucional, o que se dá mediante solução de controvérsias a respeito da legitimidade da *norma jurídica abstratamente considerada*, independentemente da sua incidência em específicos suportes fáticos. Aqui, portanto, o processo é objetivo. Nele não figuram *partes*, no sentido estritamente processual, mas entes legitimados a atuar institucionalmente, sem outro interesse que não o da preservação do sistema de direito". (grifos do autor)

Em outra esfera, o direito e o processo do trabalho, no âmbito coletivo, há muito trabalham com a ideia de que os acordos coletivos de trabalho, as convenções coletivas de trabalho e a sentença normativa geram normas com eficácia *erga omnes*.

Comprovando o caráter normativo — criação de Direito objetivo —, esses instrumentos de composição de conflitos coletivos trabalhistas são chamados pelo gênero "instrumentos normativos" ou "normas coletivas de trabalho". E, a decisão do dissídio coletivo é chamada de sentença "normativa"[313]. Além disso, a competência

---

(311) Todos esses casos foram retirados de <http://www.processoscoletivos.net/ponto-e-contraponto> Acesso em: 30 out. 2012.

(312) ZAVASCKI, Teori Albino. *Processo coletivo:* tutela de direitos coletivos e tutela coletiva de direitos. 4. ed. São Paulo: Editora Revista dos Tribunais, 2009. p. 241-242. Nesse sentido, Botelho diz que "com a expansão da jurisdição constitucional *potencializa-se a função primordial da jurisdição (comum) de tutela da ordem jurídica objetiva*. Tutela-se o direito objetivo, mediante efeitos expansivos de forma a acompanhar essa sociedade instantânea, globalizada e de relações de massa" (grifos do autor), conforme BOTELHO, Guilherme. *Direito ao processo qualificado:* o processo civil na perspectiva do estado constitucional. Porto Alegre: Livraria do Advogado, 2010. p. 45.

(313) Na chamada heterocomposição, restando sem êxito a negociação coletiva, "partir-se-á para a solução do conflito através da decisão de terceiros" (arbitragem ou jurisdição). A via jurisdicional, por meio do dissídio coletivo, é a última forma de composição do conflito coletivo de trabalho, conforme STÜRMER, Gilberto. *A Liberdade Sindical na Constituição da República Federativa do Brasil de 1988 e sua relação com a Convenção n. 87 da Organização Internacional do Trabalho.* Porto Alegre: Livraria do Advogado, 2007. p. 95-96. Para um estudo das características

da Jurisdição Trabalhista para julgar esses conflitos é chamada de "poder normativo da Justiça do Trabalho".[314]

No Direito Coletivo do Trabalho[315], não se parte da noção de que as partes são desiguais (fundamento do princípio da proteção no âmbito individual), tendo em vista que nas negociações coletivas ou mesmo no dissídio coletivo os empregados estão necessariamente representados por seus sindicatos e a legislação protege os representantes sindicais dos empregados, direitos dentre os quais se destaca a estabilidade dos dirigentes sindicais representantes dos trabalhadores, titulares e suplentes[316], justamente para as partes coletivas estarem em igualdade de condições e possa viger então o princípio da autonomia coletiva[317].

Nessa subdivisão do Direito do Trabalho, o sistema jurídico pátrio permite a criação de normas seja pelas próprias partes (instrumentalizadas por meio de acordo coletivo de trabalho e por convenção coletiva de trabalho[318]), seja decorrente de decisões judiciais proferidas em ações de dissídios coletivos (instrumentalizadas por meio da chamada sentença normativa[319]).

---

diferenciadas da sentença normativa, ver: COIMBRA, Rodrigo; ARAÚJO, Francisco Rossal de. Equilíbrio Instável das Fontes Formais do Direito do Trabalho. *Justiça do Trabalho*, Porto Alegre, HS Editora, n. 324. p. 57-59, dez. 2010.

(314) Referindo-se à expressão contrato coletivo, que passou a ser entendida como sinônimo de convenção coletiva de trabalho e de acordo coletivo de trabalho, Pontes de Miranda reconhece seu caráter normativo, salientando, contudo, que esse caráter não é único, destacando também a vinculatividade. O autor refere também que a "Justiça do Trabalho tem competência para, nos dissídios coletivos, estabelecer *normas* de trabalho" (PONTES DE MIRANDA, Francisco Cavalcanti. *Tratado de direito privado*. 3. ed. Rio de Janeiro: Borsoi, 1972. t. 48, p. 10 e 17).

(315) O Direito Coletivo do Trabalho "formula princípios e normas que mantêm o sistema sindical de cada país e coordena todos os processos de sua atuação, dirigida no sentido do equilíbrio e da tutela dos direitos do trabalhador. Enquanto o Direito Individual do Trabalho regulamenta o trabalho e disciplina o exercício dos direitos dos empregados e dos empregadores, o Direito Coletivo protege esses direitos, procurando ampliá-los e participando das lutas e dos conflitos dos trabalhadores modernos. Isso significa dizer que, em última análise, o Direito Coletivo, robustece, completa e revitaliza o Direito Individual", conforme por todos RUSSOMANO, Mozart Victor. *Princípios Gerais de Direito Sindical*. 2. ed. Rio de Janeiro: Forense, 2000. p. 47.

(316) Os empregados eleitos para órgãos de administração das entidades sindicais (sindicatos, federações e federações do ramo profissional), assim como os respectivos suplentes, observados os limites legais (arts. 522 e 538 da Consolidação das Leis do Trabalho), desde o registro da candidatura até um ano após o final de seu mandato, caso seja eleito, salvo se cometer falta grave devidamente apurada, nos termos da Lei (art. 543, § 3º da Consolidação das Leis do Trabalho c/c art. 8º, VIII, da CF de 1988).

(317) Catharino esclarece que "democraticamente, essa 'vontade coletiva', que irá ser manifestada no mundo jurídico do trabalho, só poderá ser *plural*, constituída por 'vontades individuais', livremente expressadas. Por unanimidade, ou não." (CATHARINO, José Martins. *Direito Constitucional e direito Judiciário do Trabalho*. São PAULO: LTr, 1995. p. 203)

(318) Na chamada autocomposição, o conflito é solucionado pelos próprios interessados, sem interferência de terceiros, conforme STÜRMER, Gilberto. *A liberdade sindical na Constituição da República Federativa do Brasil de 1988 e sua relação com a Convenção n. 87 da Organização Internacional do Trabalho*. Porto Alegre: Livraria do Advogado, 2007. p. 95.

(319) Nesses casos, tem-se a chamada heterocomposição, ou seja, a composição realizada por um terceiro estranho às partes (que no nosso sistema pode ser por arbitragem ou por meio da jurisdição). A via jurisdicional, por meio do dissídio coletivo, é a última forma de composição do conflito coletivo de trabalho, conforme STÜRMER, Gilberto. *A liberdade sindical na Constituição da República Federativa do Brasil de 1988 e sua relação com a Convenção n. 87 da Organização Internacional do Trabalho*. Porto Alegre: Livraria do Advogado, 2007. p. 95-96.

A Constituição Federal de 1988[320] permite que as próprias partes destinatárias constituam normas para empresas ou categorias (acordo coletivo e convenção coletiva de trabalho, como instrumentos da negociação coletiva exitosa), ou, quando frustrada a negociação coletiva, o ajuizamento de dissídios coletivos[321], dos quais os Tribunais do Trabalho (competência originária da ação de dissídio coletivo) decidirão o conflito, respeitadas as disposições mínimas legais de proteção ao trabalho, bem como as convencionadas anteriormente. Note-se que a ação de dissídio coletivo não visa à resolução de um conflito que versa sobre um direito subjetivo lesado, mas sim à resolução de um conflito de interesses econômicos ou sociais, produzindo por meio de suas cláusulas normas gerais e abstratas.

No plano coletivo do Direito Processual do Trabalho, a função legislativa de criar normas jurídicas (tipicamente de direito público) é delegada aos entes sindicais, que têm natureza de pessoa jurídica de direito privado[322]. Por essa razão, trata-se de uma função legislativa anômala, delegada a entes privados, mas com extensão coercitiva para pessoas distintas daquelas que participaram da pactuação.[323]

Destaca Pisani[324] que a progressiva socialização do direito determinou o surgimento de novos tipos de conflitos relacionados a interesses não exclusivamente individuais, com importantes efeitos processuais, como a eficácia reflexa da sentença, ou seja, os efeitos de uma decisão de uma ação envolvendo direitos transindividuais ultrapassam as partes do respectivo processo, podendo ser *ultra partes* ou *erga omnes*, conforme a legislação.

No Direito Coletivo do Trabalho, em termos de eficácia, se foge à ideia contratual irradiada pelo princípio da relatividade dos contratos, segundo a qual os contratos somente obrigam as partes contratantes, uma vez que nesse âmbito do Direito do Trabalho as normas coletivas de trabalho geram direitos e deveres para terceiros que não figuram como partes dos instrumentos de composição do conflito coletivo, ou seja, produz eficácia em relação a todos trabalhadores e empregadores integrantes das categorias que firmaram como partes (cujo âmbito pode ser no mínimo municipal, sendo muitas vezes

---

(320) Constituição Federal, art. 7º: "São direitos dos trabalhadores urbanos e rurais, além de outros que visem à melhoria de sua condição social: [...] XXVI – reconhecimento das convenções e acordos coletivos de trabalho".

(321) Constituição Federal, art. 114, § 2º: "Recusando-se qualquer das partes à negociação coletiva ou à arbitragem, é facultado às mesmas, de comum acordo, ajuizar dissídio coletivo de natureza econômica, podendo a Justiça do Trabalho decidir o conflito, respeitadas as disposições mínimas legais de proteção ao trabalho, bem como as convencionadas anteriormente" (redação dada pela Emenda Constitucional n. 45, de 2004).

(322) As entidades que compõem a estrutura sindical brasileira são associações de natureza privada (art. 53, CC). A natureza jurídica privada das entidades sindicais, no modelo pátrio atual, é pacífica (STURMER, Gilberto. O sistema Sindical Brasileiro da Constituição da República de 1988. In: STÜRMER, Gilberto (Org.). *Revista de Processo do Trabalho e Sindicalismo*, n. 1, Porto Alegre, HS Editora, 2010, p. 14).

(323) COIMBRA, Rodrigo. *Revista de Processo do Trabalho e Sindicalismo*, n. 2. Porto Alegre, HS Editora, p. 192-214, em especial, p. 209-210, 2011.

(324) PISANI, Andrea Proto. Appunti sui rapporti tra i limiti tra i limiti soggettivi di efficacia della sentenza civile e la garanzia costituzionale del diritto di difesa. *Rivista Trimestrale di Diritto e Procedura Civile*, Milano, Giuffrè, p. 1.216-1.308, em especial, p. 1.237-1.239, set. 1971; Nesse sentido, também: DENTI, Vittorio. Aspetti processuali della tutela dell'ambiente. *In: Studi in memoria di Salvatore Satta*. Padova: CEDAM, 1982. v. 1, p. 459-460.

estadual e até mesmo nacional, conforme a base territorial das entidades sindicais[325]), independentemente da anuência dos destinatários da norma durante o processo de negociação, de serem associados ou não, e do resultado da negociação.[326]

A validade das normas coletivas trabalhistas está relacionada apenas à observância dos requisitos legais para legitimidade de participação e regularidade formal do processo, produzindo normas gerais e abstratas[327], dentro do âmbito territorial do conflito. Tais normas possuem coercitividade como qualquer outra, podendo, inclusive, ser objeto de demanda judicial, por meio das chamadas ações de cumprimento.[328]

Assim, as normas coletivas trabalhistas, no Brasil, possuem eficácia *erga omnes*, pois se estendem a todos trabalhadores e empregadores que pertençam às empresas ou categorias acordantes (acordo ou convenção coletiva), independentemente de serem sócios (associados, filiados) do sindicato.[329] Esse é o grande diferencial do Direito do Trabalho, atuando em consonância com a perspectiva objetiva dos direitos fundamentais e da aplicação do Direito objetivo.

Afirmando que se vive numa época marcada pela "pulverização" do "direito legislativo", Zagrebelsky[330] chama a atenção para a redução da generalidade e a abstração das leis atualmente, como características clássicas das leis, cujas razões podem ser buscadas, sobretudo, nas características da nossa sociedade, condicionada por uma ampla diversificação de grupos e estratos sociais que participam hoje do que chama de "mercado das leis". Esclarece o autor que ditos grupos dão lugar a uma acentuada diferenciação de tratamento normativo, seja como implicação empírica do princípio da igualdade do chamado "Estado social" (para cada situação uma disciplina adequada a suas particularidades), seja como consequência da pressão que os interesses corporativos exercem.[331]

Nesse contexto, enquadra-se, de forma marcante, o Direito Coletivo do Trabalho, produzindo normas diferenciadas para as categorias de empregados/empregadores de

---

(325) Nesse sentido, COIMBRA, Rodrigo. Jurisdição trabalhista coletiva e Direito objetivo. *Justiça do Trabalho*, Porto Alegre, HS Editora, n. 340, p. 88-107, em especial, p. 94-96, abr. 2012.

(326) COIMBRA, Rodrigo. *Revista de Processo do Trabalho e Sindicalismo*, Porto Alegre: HS Editora, n. 2, p. 192-214, em especial, p. 211, 2011.

(327) Nesse ponto, importa o conceito de Direito objetivo de Molinaro: "Entendo como direito objetivo a regra (em sentido lato) geral e abstrata (que produz a norma) que está posta com função regulativa para garantir as conquistas sociais já alcançadas pela sociedade no mundo fático e que interessa ao direito" (MOLINARO, Carlos Alberto. A jurisdição na proteção da saúde: breves notas sobre a instrumentalidade processual. *Revista da AJURIS*, Porto Alegre, n. 115, p. 49-72, em especial p. 55, set. 2009).

(328) Consolidação das Leis do Trabalho, art. 872: "Celebrado o acordo, ou transitada em julgado a decisão, seguir-se-á o seu cumprimento, sob as penas estabelecidas neste Título. Parágrafo único - Quando os empregadores deixarem de satisfazer o pagamento de salários, na conformidade da decisão proferida, poderão os empregados ou seus sindicatos, independentes de outorga de poderes de seus associados, juntando certidão de tal decisão, apresentar reclamação à Junta ou Juízo competente, observado o processo previsto no Capítulo II deste Título, sendo vedado, porém, questionar sobre a matéria de fato e de direito já apreciada na decisão (redação dada pela Lei n. 2.275, de 30.7.1954)". Tribunal Superior do Trabalho, Súmula n. 286: "A legitimidade do sindicato para propor ação de cumprimento estende-se também à observância de acordo ou de convenção coletivos".

(329) LEITE, Carlos Henrique Bezerra. *Curso de Direito Processual do Trabalho*. 6. ed. São Paulo: LTr, 2008. p. 1.093.

(330) ZAGREBELSKY, Gustavo. *El Derecho Dúctil:* ley, derechos, justicia. 7. ed. Madrid: Trotta, 2007. p. 37.

(331) *Ibidem*, p. 37-38.

acordo com as suas particularidades, como consequência da crise do princípio da generalidade e da importante tutela dos direitos coletivos trabalhistas.

Outrossim, a partir da perspectiva objetiva dos direitos fundamentais e da aplicação do Direito objetivo, saber quem são os sujeitos dos direitos com objeto difuso pouco importa. Os "titulares indeterminados de direitos difusos" sequer precisam existir em alguns casos (como no de gerações futuras), para justificar a ação coletiva proposta pelos legitimados com vistas à concretização do Direito objetivo, conforme esclarece Tesheiner.[332]

Igualmente, a partir da perspectiva objetiva dos direitos fundamentais, deve ser visto o exercício da jurisdição dos direitos com objeto difuso. Os legitimados possuem o poder jurídico — imposto pelo Direito objetivo — de buscar o cumprimento dos direitos com objeto difuso nos moldes e nos limites outorgados pelo próprio Direito objetivo.

Note-se que adotar a tutela individual ou coletiva dos direitos com objeto difuso não é uma mera escolha de quem ingressa com a ação. Depende da natureza do direito violado.[333] Não obstante, um mesmo fato pode ensejar ofensa a direitos difusos e a direitos individuais, como ocorre, por exemplo, com a contaminação de um curso de água por carreamento de produto químico nocivo, da qual poderão coexisitir danos difusos e danos individuais aos proprietários ribeirinhos que tenham, por exemplo, sofrido a perda de criações.

Discute-se, na doutrina especializada, se o Ministério Público, que é um dos legitimados para propor as ações coletivas, tem faculdade ou obrigatoriedade de ajuizar as ações coletivas de cuja lesão ou ameaça de lesão tiver ciência.

Na ação penal pública, por exemplo, o Ministério Público não tutela direito subjetivo, mas busca a aplicação do Direito objetivo.[334] Nesse sentido, Eugênio Pacelli de Oliveira[335] averba que, "no processo penal condenatório, o autor da ação (como regra, o Ministério Público) não exerce *direito* em face do Estado, mas tão somente o *dever* que resulta do fato, previsto em lei, de ser ele o legitimado para a persecução penal". (grifos do autor)

---

(332) TESHEINER, José Maria Rosa. O Ministério Público não é nunca substituto processual (uma lição heterodoxa). *Páginas de Direito*, Porto Alegre, 26 abr. 2012. Disponível em: <http://www.tex.pro.br/tex/listagem-de-artigos/353-artigos-abr-2012/8468-o-ministerio-publico-nao-e-nunca-um-substituto-processual-uma-licao-heterodoxa> Acesso em: 14 nov. 2012. TESHEINER, José Maria Rosa. Jurisdição e Direito Objetivo. *Justiça do Trabalho*, Porto Alegre, HS Editora, n. 325, p. 31.

(333) Para Luciano Timm, sob uma perspectiva de direito e economia, as ações coletivas são a maneira mais eficiente de prover os direitos fundamentais coletivos e transindividuais, "onde justamente os direitos não devem ser apropriados por um indivíduo em prejuízo de toda a sociedade" (TIMM, Luciano Benetti. Qual a maneira mais eficiente de prover direitos fundamentais: uma perspectiva de direito e economia? *In:* SARLET, Ingo Wolfgang; TIMM, Luciano Benetti (Orgs.). *Direitos fundamentais:* orçamento e reserva do possível. Porto Alegre: Livraria do Advogado, 2008. p. 55-68, em especial, p. 67.

(334) De acordo com Mazzilli, as funções do Ministério Público resumem-se em promover a aplicação e a execução da ordem jurídica (Direito objetivo): "a) no zelo de interesses sociais ou individuais indisponíveis; b) no zelo de interesses transindividuais, de suficiente expressão ou abrangência social" (MAZZILLI, Hugo Nigro. *Introdução ao Ministério Público*. 5. ed. São Paulo: Saraiva, 2005. p. 117). Nos direitos com objeto difuso, têm-se ambas as hipóteses.

(335) OLIVEIRA, Eugênio Pacelli de. *Curso de Processo Penal*. 9. ed. Rio de Janeiro: Lumen Juris, 2008. p. 357.

Tratando do assunto, Ronaldo Lima dos Santos[336] acrescenta que "o Ministério Público ao agir, o faz sempre no cumprimento de um dever, de uma missão constitucional, na tutela do interesse alheio (da sociedade, de coletividade, de incapazes, etc.) que lhe foi confiado, deles jamais podendo dispor, ainda que sejam materialmente disponíveis por seus titulares".

Em artigo específico sobre o tema, Mazzilli[337] defende que há diferença na atuação do Ministério Público de acordo com a área (penal ou civil), sustentando que, nas ações envolvendo processo civil, o Ministério Público não é obrigado a propor a ação civil pública, diferentemente do que ocorre com a ação penal pública, pelas seguintes razões:

> Primeiro porque, ao contrário do que ocorre na ação penal pública, na esfera civil, o Ministério Público não é legitimado exclusivo para a ação civil pública (na ação civil pública ou coletiva, a legitimação ativa é concorrente e disjuntiva). Assim, havendo diversos colegitimados para a ação civil pública ou coletiva, se o Ministério Público não age ou não recorre, outros colegitimados podem agir ou recorrer. Em segundo lugar, a própria Lei da Ação Civil Pública admite que possa haver desistências fundadas da ação civil pública (art. 5º, § 3º, da Lei n. 7.347/85, a *contrario sensu*). Em suma, o princípio da indesistibilidade da ação pública não recebe o mesmo tratamento no processo penal e no processo civil.

O Ministério Público tem por função institucional, entre outras, a defesa dos interesses sociais, a teor do mesmo art. 127, *caput*, da Carta Federal, dentre as quais se insere a proteção, mediante ação coletiva, dos direitos com objeto difuso (art. 129, III, da Constituição Federal).

É de fundamental importância a noção de função no âmbito do Direito, surgindo, primeiramente, no âmbito do denominado direito público, acompanhando os desdobramentos da ideia de democracia e da necessidade de controle do poder, como explica Facchini.[338]

A ideia de função está presente no Direito, no plano da compreensão global, quando se pensa em que o conjunto de regras positivas deve ter um tipo de finalidade e buscar alcançar certos objetivos.[339]

---

(336) SANTOS, Ronaldo Lima dos. Notas sobre a impossibilidade de depoimento pessoal de membro do Ministério Público nas ações coletivas. *Revista da Faculdade de Direito da Universidade Federal de Minas Gerais*, Belo Horizonte, n. 58, p. 291-310, em especial, p. 302, jan./jun. 2011.

(337) MAZZILLI, Hugo Nigro. O princípio da obrigatoriedade e o Ministério Público. São Paulo: *Complexo Jurídico Damásio de Jesus*. São Paulo, jun. 2007. Disponível em: <www.damasio.com.br> Acesso em: 1º nov. 2012. De acordo com Hugo Nigro Mazzilli, "o que tem iluminado a atuação do Ministério Público, de forma predominante, é a indisponibilidade do interesse; fora daí, estamos no campo da *conveniência* da atuação ministerial em favor dos interesses da comunidade como um todo [...]. Ou seja, se num processo judicial estiver em jogo interesse indisponível, deverá haver a intervenção ministerial — quer se trate de interesse individual indisponível ou social indisponível; por isso se diz que a indisponibilidade é nota marcante ou predominante da atuação do Ministério Público [...]. Mas também legitima a iniciativa ou intervenção do Ministério Público a presença de interesses que, embora não indisponíveis, tenham suficiente abrangência ou larga expressão social" (MAZZILLI, Hugo Nigro. *Introdução ao Ministério Público*. 5. ed. São Paulo: Saraiva, 2005. p. 115).

(338) FACCHINI NETO, Eugênio. A função social do direito privado. *Revista da AJURIS*, Porto Alegre, n. 105, p. 153-187, em especial, p. 157, mar. 2007.

(339) SILVA, Luis Renato Ferreira da. A função social do contrato no novo Código Civil e sua conexão com a solidariedade social. *In:* SARLET, Ingo Wolfgang (Org.). *O novo Código Civil e a Constituição*. Porto Alegre: Livraria do Advogado, 2003. p. 134.

Neste sentido, fala-se em função promocional do Direito. Esta nova função, não se limita a proteger e repreender, mas visa a promover, utilizando a "técnica do encorajamento", buscando tornar particularmente atrativos os atos obrigatórios. Conforme Bobbio[340], ao ordenamento promocional interessam, sobretudo, "os comportamentos socialmente desejados, onde o seu objetivo é o de provocar o cumprimento do ordenamento".

De fato, "hoje mais do que nunca o Direito possui uma *função diretiva da mudança social*. E esta função pode ser desempenhada por todos aqueles que pensam ser sempre possível a melhoria das relações sociais", destaca Facchini[341]. (grifos do autor) Nesse cenário, os legitimados das ações coletivas exercem função social.

Ao supor-se que um determinado instituto jurídico esteja funcionalizado, atribui-se a ele uma determinada finalidade a ser cumprida, restando estabelecido pela ordem jurídica que há uma relação de dependência entre o reconhecimento jurídico do instituto e o cumprimento da função[342].

Esse mecanismo de atuação se dá com todos os legitimados das ações coletivas (não apenas o Ministério Público) nos direitos com objeto difuso, da seguinte forma: o Direito objetivo outorga aos legitimados o poder de promover ações coletivas e, ao mesmo tempo, atribui a essa função pública uma determinada finalidade, qual seja, o cumprimento dos direitos com objeto difuso. Essa faculdade outorgada aos legitimados está umbilicalmente ligada ao cumprimento do fim por conta do qual foi criada pelo Direito objetivo.

O poder dos legitimados — nas ações relativas a direitos com objeto difuso — segue a linha sustentada por Marinoni[343], segundo a qual o processo deve se estruturar de maneira tecnicamente capaz de permitir a prestação das formas de tutela prometidas pelo direito material.

Retratando a "legitimidade ontem e hoje", Cabral[344] defende a "despolarização do processo", tendo em vista que "o direito moderno apresenta situações que não conseguem ser transpostas ao modelo tradicional da legitimidade, um modelo tipicamente privatista do autor-credor contra o réu-devedor, com base num direito subjetivo e em interesses materiais privados contrapostos".

Assim, nos processos envolvendo direitos individuais, a legitimação para a causa se dá por meio da verificação de quem detém o direito subjetivo (titularidade do direito

---

(340) BOBBIO, Norberto. Sulla funzione promozionale del diritto. *Rivista Trimestrale di Diritto e Procedura Civile*, Milano, Giuffrè, p. 1.313-1.435, em especial, p. 1.324, set. 1969.

(341) FACCHINI NETO, Eugênio. O Judiciário no mundo contemporâneo. *Revista da AJURIS*, Porto Alegre, n. 108, p. 139-165, em especial, p. 153, dez. 2007.

(342) SILVA, Luis Renato Ferreira da. A função social do contrato no novo Código Civil e sua conexão com a solidariedade social. *In:* SARLET, Ingo Wolfgang (Org.). *O novo Código Civil e a Constituição*. Porto Alegre: Livraria do Advogado, 2003. p. 134.

(343) MARINONI, Luiz Guilherme. Da ação abstrata e uniforme à ação adequada à tutela de direitos. *In:* MACHADO, Fábio Cardoso; AMARAL, Guilherme Rizzo (Orgs.). *Polêmica sobre a ação:* a tutela jurisdicional na perspectiva das relações entre direito e processo. Porto Alegre: Livraria do Advogado, 2006. p. 197-252, em especial, p. 209-215.

(344) CABRAL, Antônio do Passo. Despolarização do processo e zonas de interesse: sobre a migração entre polos da demanda. *Revista Forense*, Rio de Janeiro, Forense, v. 404, p. 3-41, em especial, p. 8, jul./ago. 2009.

subjetivo); e, nos processos coletivos, a legitimação para a causa se dá *ope legis*, por força do Direito objetivo[345].

No sentido ora proposto, Tesheiner[346] sustenta que, nas ações envolvendo os chamados direitos com objeto difuso, os legitimados exercem função pública: "nas ações relativas a interesses difusos, o Ministério Público, assim como os demais legitimados, não é substituto processual. A hipótese é de legitimação autônoma e de exercício de função pública".

Nesse quadro, na tutela jurisdicional de direitos com objeto difuso, a partir da perspectiva objetiva dos direitos fundamentais e da aplicação do Direito objetivo, é irrelevante a vontade dos titulares dos respectivos direitos e até mesmo a existência de titulares, pouco importando se os destinatários querem ou mesmo aceitam a tutela jurisdicional. E os legitimados para exercerem a tutela jurisdicional dos direitos com objeto difuso têm o poder jurídico de agir, derivado do Direito objetivo, sempre que lesionados ou ameaçados de lesão tais direitos.[347]

---

(345) De acordo com Tesheiner "pensada a tutela jurisdicional dos interesses difusos como aplicação — eventualmente criação — do Direito objetivo, resta afastada, como corolário, a ideia de substituição processual". TESHEINER, José Maria Rosa. Revista eletrônica sobre os chamados "direitos difusos". *Processos Coletivos,* Porto Alegre, v. 3, n. 4, out./dez. 2012. Disponível em: <http://www.processoscoletivos.net/~pcoletiv/component/jcomments/feed/com_content/724> Acesso em: 24 out. 2012.

(346) TESHEINER, José Maria Rosa. O Ministério Público não é nunca substituto processual (uma lição heterodoxa). *Páginas de Direito,* Porto Alegre, 26 abr. 2012. Disponível em: <http://www.tex.pro.br/tex/listagem-de-artigos/353--artigos-abr-2012/8468-o-ministerio-publico-nao-e-nunca-um-substituto-processual-uma-licao-heterodoxa> Acesso em: 14 nov. 2012.

(347) Certo é que "no espaço público não reinam a livre-iniciativa e a autonomia da vontade, estrelas do regime jurídico de direito privado", conforme BARROSO, Luís Roberto. *Curso de direito constitucional contemporâneo:* os conceitos fundamentais e a construção do novo modelo. 2. ed. São Paulo: Saraiva, 2010. p. 70.

Conclusão

Este trabalho teve por problema precípuo investigar se para a adequada tutela dos direitos e deveres com objeto difuso precisa-se lançar mão da noção de direito subjetivo e de todo arcabouço jurídico individualista, ligado à perspectiva subjetiva dos direitos fundamentais. Para tanto, percorreu-se o caminho delineado no sumário, chegando-se às conclusões que seguem.

1. A tutela dos direitos individuais, no contexto econômico e social da modernidade, constituiu-se pelos pilares do individualismo, do patrimonialismo, do voluntarismo e do direito subjetivo, espelhando o modelo de Estado liberal clássico. Esse contexto foi adequado para a eclosão do individualismo, consagrado no âmbito das relações jurídicas privadas pela figura do direito subjetivo, elemento nuclear do direito privado, permeado pela vontade do sujeito-indivíduo.

2. O modelo de direito do Estado liberal foi pensado para regular relações individuais, a partir da igualdade (formal) de todos os indivíduos perante a lei, calcada na ideia abstrata de pessoa, desprezando as reais desigualdades econômicas e sociais, revelando nítida prevalência de valores relativos à apropriação de bens (patrimonialismo).

3. Nesse cenário, a jurisdição do Estado liberal foi idealizada apenas para tutelar indivíduos (no máximo, para pessoas jurídicas, conforme construção jurídica elaborada ao longo do tempo), tendo por finalidade precípua a tutela dos direitos subjetivos violados (repressão de ilícitos), na forma pecuniária (tutela ressarcitória em dinheiro), notadamente por meio da sentença condenatória. Essa ideologia individualista e patrimonialista aparece no Código Civil brasileiro de 1916 e no Código de Processo Civil brasileiro de 1973.

4. Nessa época, e por longo período, só se reconhecia como direitos os individuais. Direitos difusos (expressão sequer utilizada nessa época) eram matéria atinente à administração pública. Direitos que pertencessem a um grupo, ao público em geral ou a um segmento do público não eram quase tratados e não se enquadravam no modelo do direito processual de então. A necessidade de atenção para esses direitos foi valorizada, sobretudo, a partir de 1960/1970, notadamente, desde a obra de Cappelletti, ao constatar que a concepção tradicional de processo civil não deixava espaço para a proteção dos direitos transindividuais.

5. O arraigamento histórico e cultural dos direitos individuais é um dos principais óbices para a aceitação e a adequada tutela (material e processual) dos direitos transindividuais, que provocaram e continuam provocando uma profunda transformação, a qual precisa acompanhar a tendência evolutiva do mundo contemporâneo e dar respostas mais efetivas à sociedade.

6. A tutela jurisdicional contemporânea, notadamente nos casos envolvendo direitos transindividuais, não permite mais a suposta neutralidade da tutela jurisdicional, nem do juiz, exigindo tutelas jurisdicionais diferenciadas que deem tratamentos processuais diversificados, de acordo com as diferentes realidades econômicas e sociais da atualidade, não podendo mais se resignar a ressarcir danos e apenas na forma do equivalente em dinheiro, "lavando as mãos" em relação à ocorrência de ilícitos.

7. O direito processual do Estado Constitucional é, essencialmente, um direito processual a partir da teoria dos direitos fundamentais, perspectiva que remete imediatamente ao direito fundamental à tutela jurisdicional adequada e efetiva (art. 5º, XXXV, da Constituição Federal). No contexto de um Estado que visa a proteger e a dar efetividade aos direitos fundamentais, encontram guarida os direitos transindividuais, na qualidade de direitos fundamentais.

8. O conceito de *"interesse legittimo"* constitui categoria da cultura jurídica italiana, que não se justifica no ordenamento jurídico brasileiro, além de que, no Brasil, há unidade de jurisdição (não dualidade, como no sistema italiano). O pensamento de que direito e interesse competiriam pelo mesmo espaço é compreensível para a época em que os conceitos eram mais importantes do que a efetivação dos direitos. O Direito evoluiu, deu passos importantes rumo a significativas interseções entre o público e o privado e passou a transcender a tutela de indivíduos isoladamente, ampliando a tutela para outros interesses relevantes para a sociedade e/ou para a humanidade como um todo.

9. Não é o direito que é difuso, mas é o seu objeto que pode ser difuso, entre outras classificações. Nos difusos, os objetos do direito podem ser: o patrimônio público ou de entidade de que o Estado participe; a moralidade administrativa; o meio ambiente; o patrimônio histórico e cultural; algumas relações de consumo; algumas relações coletivas de trabalho; os bens e direitos de valor artístico, estético, turístico e paisagístico; a ordem econômica; a ordem urbanística, entre outros.

10. Os direitos com objeto difuso são materialmente marcados pela indivisibilidade e pela indisponibilidade de seu objeto, bem como pela indeterminação dos sujeitos, conjunto de características que inviabiliza que se use de arcabouço conceitual com contexto individualista e obrigacional, completamente diferente do vivenciado pelos direitos difusos.

11. No desiderato do exercício de função social, os legitimados das ações coletivas possuem o poder jurídico — outorgado pelo Direito objetivo — de buscar o cumprimento dos direitos com objeto difuso nos moldes outorgados pelo próprio Direito objetivo.

12. A partir da perspectiva objetiva dos direitos fundamentais e da aplicação do Direito objetivo, saber quem são os sujeitos dos direitos com objeto difuso pouco importa. Os "titulares indeterminados de direitos difusos" sequer precisam existir em alguns casos (como no de gerações futuras), para justificar a ação coletiva proposta pelos legitimados com vistas à concretização do Direito objetivo.

13. Na tutela jurisdicional de direitos com objeto difuso, é irrelevante a vontade dos titulares dos respectivos direitos e até mesmo a existência de titulares, pouco importando

se os destinatários querem ou mesmo aceitam a tutela jurisdicional. E os legitimados para exercerem a tutela jurisdicional dos direitos com objeto difuso têm o poder jurídico de agir, derivado do Direito objetivo, sempre que lesionados ou ameaçados de lesão tais direitos.

14. A adequada proteção dos chamados direitos difusos exige repensar alguns institutos tradicionais do direito material (e do direito processual), pois vários deles conseguem ter funcionalidade adequada somente no plano individual, tendo reduzida ou nenhuma função no plano coletivo.

15. Os direitos e os deveres com objeto difuso devem ser estudados a partir da Constituição e dos direitos e dos deveres fundamentais. Os direitos e os deveres fundamentais vinculam-se à perspectiva ou à dimensão objetiva dos direitos fundamentais, que os considera não apenas sob o ponto de vista da pessoa individual e sua posição perante o Estado (perspectiva subjetiva), mas também valoriza o ponto de vista da sociedade, da comunidade na sua totalidade (perspectiva objetiva), quando se trata de valores e fins que ultrapassam a esfera do indivíduo tanto em direitos como em deveres.

16. Para explicar a tutela dos chamados direitos difusos, não se precisa lançar mão da noção de direitos subjetivos, chegando-se à concretização pela aplicação e, por vezes, criação de Direito objetivo. O processo coletivo do trabalho é exemplo de aplicação e criação de Direito objetivo há muito tempo.

17. Pensar a problemática dos direitos difusos a partir da perspectiva objetiva dos direitos fundamentais e da aplicação do Direito objetivo é uma forma de superar o individualismo que marca a cultura jurídica desde o direito romano e atrapalha a compreensão desse fenômeno tão significativo atualmente.

18. Essa perspectiva não desconsidera que as pessoas são o fim último do Direito, pelo contrário, apresenta um método que prescinde da noção de direito subjetivo, a fim de dar mais efetividade a essa classe de direitos.

Referências Bibliográficas

ALEXY, Robert. *Teoría de los derechos fundamentales*. Madrid: Centro de Estudios Constitucionales, 1997.

ALPA, Guido. Interessi diffusi. *Revista de Processo*, São Paulo, Revista dos Tribunais, n. 81, p. 146-159, jan./mar.1996.

ALVARO DE OLIVEIRA, Carlos Alberto. Procedimento e ideologia no direito brasileiro atual. *Revista da AJURIS*, Porto Alegre, n. 33, p. 79-85, mar. 1985.

_____. A ação coletiva de responsabilidade civil e seu alcance. In: BITTAR, Carlos Alberto (Coord.). *Responsabilidade civil por danos a consumidores*. São Paulo: Saraiva, 1992.

_____. O processo civil na perspectiva dos direitos fundamentais. *Revista de Processo*, São Paulo, Revista dos Tribunais, n. 113, p. 9-21, fev. 2004.

_____. *Teoria e prática da tutela jurisdicional*. Rio de Janeiro: Forense, 2008.

_____. *Do formalismo no processo civil*: proposta de um formalismo-valorativo. 4. ed. São Paulo: Saraiva, 2010.

ANDRADE, José Carlos Vieira de. *Os direitos fundamentais na constituição portuguesa de 1976*. 3. ed. Coimbra: Almedina, 2004.

ANTUNES, Luís Felipe Colaço. *A tutela dos interesses difusos em direito administrativo*: para uma legislação procedimental. Coimbra: Almedina, 1989.

ARENHART, Sérgio Cruz. *Perfis da tutela inibitória coletiva*. São Paulo: Revista dos Tribunais, 2003.

_____; MARINONI, Luiz Guilherme. *Execução*. 3. ed. São Paulo: Revista dos Tribunais, 2011.

BAPTISTA DA SILVA, Ovídio Araújo. *Processo e ideologia*: o paradigma racionalista. Rio de Janeiro: Forense, 2004.

_____. *Jurisdição e execução na tradição romano-canônica*. 3. ed. Rio de Janeiro: Forense, 2007.

BARROSO, Luís Roberto. *Curso de direito constitucional contemporâneo*: os conceitos fundamentais e a construção do novo modelo. 2. ed. São Paulo: Saraiva, 2010.

BAUR, Fritz. Il processo e le correnti culturali contemporanee. *Rivista di Diritto Processuale*, Padova, CEDAM, v. 27, 2. serie, p. 253-271, 1972.

BELMONTE, Alexandre Agra. Responsabilidade por danos morais nas relações de trabalho. *Revista do Tribunal Superior do Trabalho*, Brasília, v. 73, n. 2, p. 158-185, abr./jun. 2007.

BENJAMIN, Antônio Herman. A insurreição da aldeia global *versus* o processo civil clássico. In: *Textos*: ambiente e consumidor. Lisboa: Centro de Estudos Judiciários, 1996, v. 1.

BOBBIO, Norberto. Sulla funzione promozionale del diritto. *Rivista Trimestrale di Diritto e Procedura Civile*, Milano, Giuffrè, p. 1.313-1.435, set. 1969.

BONAVIDES, Paulo. *Curso de Direito Constitucional*. São Paulo: Malheiros. 4. ed. 1993.

_____. *Teoria Constitucional da Democracia Participativa*. São Paulo: Malheiros, 2001.

BOTELHO, Guilherme. *Direito ao processo qualificado:* o processo civil na perspectiva do estado constitucional. Porto Alegre: Livraria do Advogado, 2010.

BUZAID, Alfredo. A influência de Liebman no direito processual civil brasileiro. *Grandes processualistas*. São Paulo: Saraiva, 1982.

CABRAL, Antônio do Passo. Despolarização do processo e zonas de interesse: sobre a migração entre polos da demanda. *Revista Forense*, Rio de Janeiro, Forense, v. 404, p. 3-41, jul./ago. 2009.

CANNADA-BARTOLI, Eugenio. Prescrizione (Interesse dir. amm.). In: *Enciclopedia del diritto*. Milano: Giuffrè, 1972. XXII, p. 1-28.

CANOTILHO, José Joaquim Gomes. *Direito Constitucional*. 5. ed. Coimbra: Almedina, 1991.

_____. O direito ao ambiente como direito subjectivo. In: *Estudos sobre direitos fundamentais*. Coimbra: Coimbra Editora, 2004.

_____. Provedor de justiça e efeito horizontal de direitos, liberdades e garantias. In: *Estudos sobre direitos fundamentais*. Coimbra: Coimbra Editora, 2004.

CAPPELLETTI, Mauro. Ideologie nel diritto processuale. *Rivista Trimestrale di Diritto e Procedura Civile*, Milano, Giuffrè, n. 16, p. 193-291, 1962.

_____. Libertà individuale e giustizia sociale nel processo civile italiano. *Rivista di Diritto Processuale*, Padova, CEDAM, v. 27, 2. serie, p. 11-34, em especial, p. 11-13, 1972.

_____. Formazioni social e interessi di gruppo davanti ala giustizia civile. *Rivista di Diritto Processuale*, Padova, CEDAM, n. 30, p. 361-402, 1975.

_____. Ideologia no processo civil. *Revista da AJURIS*, Porto Alegre, n. 23, p. 16-33, nov. 1981.

_____. *Juízes Legisladores?* Trad. Carlos Alberto Alvaro de Oliveira. Porto Alegre: Fabris, 1993.

_____. Repudiando Montesquieu? A expansão e a legitimidade da "Justiça Constitucional". Tradução de Fernando Sá. *Revista da Faculdade de Direito da Universidade Federal do Rio Grande do Sul*, Porto Alegre, UFRGS, v. 20, p. 261-286, out. 2001.

_____; GARTH, Bryant. *Acess to Justice:* A World Survey. Milano: Giuffrè, 1978.

_____; _____. *Acesso à justiça*. Trad. Ellen Gracie Northfleet. Porto Alegre: Fabris, 1988.

CATHARINO, José Martins. *Direito Constitucional e Direito Judiciário do Trabalho*. São Paulo: LTr, 1995.

CHIOVENDA, Giuseppe. *Principios de Derecho Procesal Civil*. Madrid: Reus, 1925. t. 1.

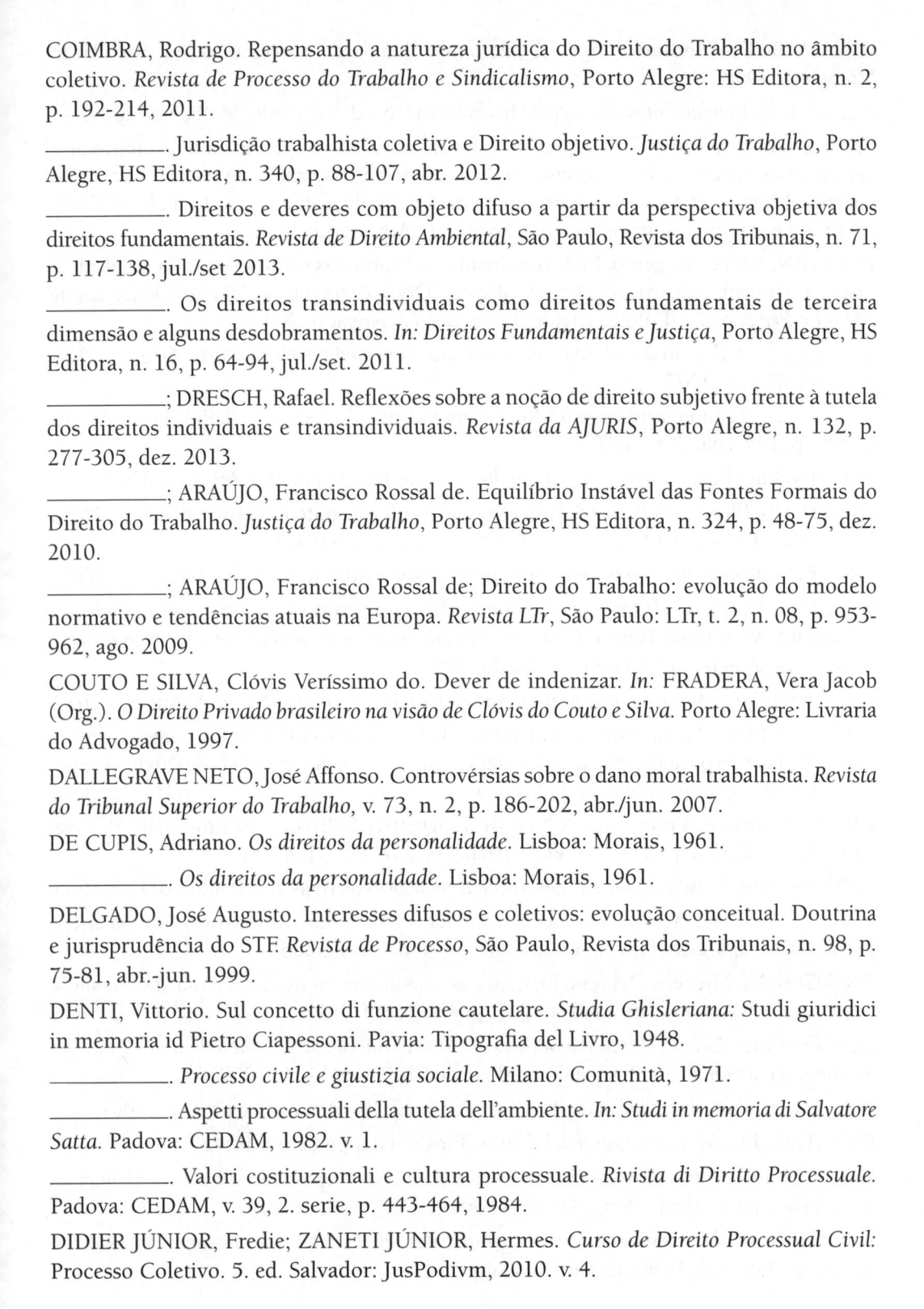

COIMBRA, Rodrigo. Repensando a natureza jurídica do Direito do Trabalho no âmbito coletivo. *Revista de Processo do Trabalho e Sindicalismo*, Porto Alegre: HS Editora, n. 2, p. 192-214, 2011.

_____. Jurisdição trabalhista coletiva e Direito objetivo. *Justiça do Trabalho*, Porto Alegre, HS Editora, n. 340, p. 88-107, abr. 2012.

_____. Direitos e deveres com objeto difuso a partir da perspectiva objetiva dos direitos fundamentais. *Revista de Direito Ambiental*, São Paulo, Revista dos Tribunais, n. 71, p. 117-138, jul./set 2013.

_____. Os direitos transindividuais como direitos fundamentais de terceira dimensão e alguns desdobramentos. *In: Direitos Fundamentais e Justiça*, Porto Alegre, HS Editora, n. 16, p. 64-94, jul./set. 2011.

_____; DRESCH, Rafael. Reflexões sobre a noção de direito subjetivo frente à tutela dos direitos individuais e transindividuais. *Revista da AJURIS*, Porto Alegre, n. 132, p. 277-305, dez. 2013.

_____; ARAÚJO, Francisco Rossal de. Equilíbrio Instável das Fontes Formais do Direito do Trabalho. *Justiça do Trabalho*, Porto Alegre, HS Editora, n. 324, p. 48-75, dez. 2010.

_____; ARAÚJO, Francisco Rossal de; Direito do Trabalho: evolução do modelo normativo e tendências atuais na Europa. *Revista LTr*, São Paulo: LTr, t. 2, n. 08, p. 953-962, ago. 2009.

COUTO E SILVA, Clóvis Veríssimo do. Dever de indenizar. In: FRADERA, Vera Jacob (Org.). *O Direito Privado brasileiro na visão de Clóvis do Couto e Silva*. Porto Alegre: Livraria do Advogado, 1997.

DALLEGRAVE NETO, José Affonso. Controvérsias sobre o dano moral trabalhista. *Revista do Tribunal Superior do Trabalho*, v. 73, n. 2, p. 186-202, abr./jun. 2007.

DE CUPIS, Adriano. *Os direitos da personalidade*. Lisboa: Morais, 1961.

_____. *Os direitos da personalidade*. Lisboa: Morais, 1961.

DELGADO, José Augusto. Interesses difusos e coletivos: evolução conceitual. Doutrina e jurisprudência do STF. *Revista de Processo*, São Paulo, Revista dos Tribunais, n. 98, p. 75-81, abr.-jun. 1999.

DENTI, Vittorio. Sul concetto di funzione cautelare. *Studia Ghisleriana*: Studi giuridici in memoria id Pietro Ciapessoni. Pavia: Tipografia del Livro, 1948.

_____. *Processo civile e giustizia sociale*. Milano: Comunità, 1971.

_____. Aspetti processuali della tutela dell'ambiente. In: *Studi in memoria di Salvatore Satta*. Padova: CEDAM, 1982. v. 1.

_____. Valori costituzionali e cultura processuale. *Rivista di Diritto Processuale*. Padova: CEDAM, v. 39, 2. serie, p. 443-464, 1984.

DIDIER JÚNIOR, Fredie; ZANETI JÚNIOR, Hermes. *Curso de Direito Processual Civil*: Processo Coletivo. 5. ed. Salvador: JusPodivm, 2010. v. 4.

DINAMARCO, Cândido Rangel. *A instrumentalidade do* processo. 6. ed. São Paulo: Malheiros, 1998.

_____. *Fundamentos do proceso civil moderno.* 6. ed. São Paulo: Malheiros, 2010. t. 1.

ENGELMANN, Wilson. O diálogo entre as fontes do direito e a gestão do risco empresarial gerado pelas nanotecnologias: construindo as bases à juridicização do risco. *Constituição, Sistemas Sociais e Hermenêutica:* Programa de Pós-graduação em Direito da UNISINOS: mestrado e doutorado. Porto Alegre: Livraria do Advogado, 2012.

FACCHINI NETO, Eugênio. Reflexões histórico-evolutivas sobre a constitucionalização do direito privado. *In:* SARLET, Ingo Wolfgang (Org.). *Constituição, Direitos Fundamentais e Direito Privado.* 2. ed. Porto Alegre: Livraria do Advogado, 2006.

_____. A função social do direito privado. *Revista da AJURIS,* Porto Alegre, n. 105, p. 153-187, mar. 2007.

_____. O Judiciário no mundo contemporâneo. *Revista da AJURIS,* Porto Alegre, n. 108, p. 139-165, dez. 2007.

FACHIN, Luiz Edson. *Teoria crítica do direito civil.* Rio de Janeiro: Renovar, 2000.

FAZZALARI, Elio. L'esperienza del processo nella cultura contemporanea. *Rivista di Diritto Processuale,* Padova, CEDAM, v. 27, 2. serie, p. 22 (p. 10-30), 1965.

FRADE, Péricles. *Conceito de interesses difusos.* São Paulo: Revista dos Tribunais, 2009.

FRADERA, Vera Jacob (Org.). O conceito de dano no Direito brasileiro e comparado. *In:* FRADERA, Vera Jacob (Org.). *O Direito Privado brasileiro na visão de Clóvis do Couto e Silva.* Porto Alegre: Livraria do Advogado, 1997.

FREITAS, Juarez. *A interpretação sistemática do direito.* 5. ed. São Paulo: Malheiros, 2010.

GAVIÃO FILHO, Anizio Pires. A atualidade da teoria de Georg Jellinek como estrutura para o sistema de posições jurídicas fundamentais. *Revista da Faculdade de Direito da Fundação Escola Superior do Ministério Público – RS,* Porto Alegre, FMP, n. 1, p. 34-72, 2007.

GENTILI, Aurelio. A propósito de "Il diritto soggettivo". *Rivista di Diritto Civile,* Padova, CEDAM, v. 50, n. 3. p. 351-373, em especial, p. 352, maio/jun. 2004.

GIDI, Antônio. *Coisa julgada e litispendência em ações coletivas.* São Paulo: Saraiva, 1995.

_____. Class Actions in Brazil: A model for Civil Law Countries. *The American Journal of Comparative Law,* v. 51, n. 2, p. 311-408, Spring 2003.

GIORGIANNI, Michele. O direito privado e as suas atuais fronteiras. *Revista dos Tribunais,* São Paulo, Revista dos Tribunais, n. 747, p. 47-51, jan. 1998.

GOMES, Carla Amado. *Risco e modificação do acto autorizativo concretizador de deveres de protecção do ambiente.* Lisboa: Faculdade de Direito de Lisboa, 2007.

GOMES, Orlando. *Introdução ao direito civil.* 18. ed. Rio de Janeiro: Forense, 2001.

GUASTINI, Ricardo. *La sintassi del diritto.* Torino: Giappichelli Editore, 2011.

HESSE, Konrad. *Elementos de Direito Constitucional da República Federal da Alemanha.* Trad. Luís Afonso Heck. Porto Alegre: Fabris, 1998.

HOHFELD, Wesley Newcomb. *Some fundamental legal conceptions as applied in judicial reasoning.* Yale: Yale Law Journal Company, 1913.

IRTI, Natalino. *L'età della decodificazioni*. 4. ed. Milano: Giuffrè, 1999.

JELLINEK, Georg. *La dottrina generale del diritto dello Stato*. Traduzione italiana sulla terza edizione tedesca. Milano: Giuffrè, 1949.

JHERING, Rudolf von. *Espíritu del Derecho Romano*. 2. ed. Madrid: Revista de Occidente, 1962.

JONES, Craig. *Theory of class actions*: optimal aggregation in mass tort litigantion. Toronto: Irwin Law, 2003.

KAHN-FREUND, Otto. *Il lavoro e la legge*. Milano: Giuffrè, 1974.

KANT, Immanuel. *A metafísica dos costumes*. São Paulo: EDIPRO, 2003.

KELSEN, Hans. *Teoria geral das normas*. Trad. José Florentino Duarte. Porto Alegre: Fabris, 1986.

_____. *Problemas Capitales de la Teoría Jurídica del Estado*: desarrolados con base em la doctrina de la proposición jurídica. México: Porrúa, 1987.

_____. *Teoria geral do Direito e do Estado*. Trad. Luís Carlos Borges. 2. ed. São Paulo: Martins Fontes, 1992.

_____. *Teoria pura do direito*. Trad. João Baptista Machado. 6. ed. São Paulo: Martins Fontes, 1999.

KLONOFF, Robert H. *Class Actions and other multi-party litigation*. Third edition. St. Paul: Thomson-West, 2007.

LACERDA, Galeno. *Revista de Direito Processual Civil*, São Paulo, Saraiva, v. 3, p. 74-86, jan./jun. 1961.

_____. *Teoria geral do processo*. Rio Janeiro: Forense, 2008.

LAFER, Celso. *Desafios*: ética e política. São Paulo: Siciliano, 1995.

LEAL, Márcio Flávio Mafra. *Acões coletivas*: história, teoria e prática. Porto Alegre: Fabris, 1998.

LEDUR, José Felipe. *Direitos fundamentais sociais*. Efetivação no âmbito da democracia participativa. Porto Alegre: Livraria do Advogado, 2009.

LEITE, Carlos Henrique Bezerra. *Ministério Público do Trabalho*: doutrina, jurisprudência e prática. 2. ed. rev. e atual. São Paulo: LTr, 2002.

_____. *Curso de Direito Processual do Trabalho*. 6. ed. São Paulo: LTr, 2008.

LEITE, José Rubens Morato. *Dano ambiental*: do individual ao coletivo extrapatrimonial. São Paulo: Revista dos Tribunais, 2000.

LEONEL, Ricardo de Barros. *Manual do Processo Coletivo*. São Paulo: Revista dos Tribunais, 2002.

LIEBMAN, Enrico Tullio. *Processo de execução*. 3. ed. São Paulo: Saraiva, 1968.

LOPES, José Reinaldo de Lima. *O Direito na história*. São Paulo: Max Limonad, 2000.

LORENZETTI, Ricardo Luís. *Teoria Geral do direito ambiental*. Trad. Fábio Costa Morosini e Fernanda Nunes Barbosa. São Paulo: Revista dos Tribunais, 2010.

LOSANO, Mario G. *Teoría pura del Derecho*: evolución y puntos cruciales. Bogotá: Editorial Temis, 1992.

MACEDO, Elaine Harzheim; MACEDO, Fernanda dos Santos. O Direito Processual Civil e a pós-modernidade. *Revista de Processo*, São Paulo, Revista dos Tribunais, v. 204, p. 351-367, fev. 2012.

MANCUSO, Rodolfo de Camargo. *Interesses difusos:* conceito e legitimação para agir. 2. ed. São Paulo: Revista dos Tribunais, 1991.

_____. Interesses difusos e coletivos. *Revista dos Tribunais*, São Paulo, Revista dos Tribunais, v. 747, p. 67-84, jan. 1998.

MANDRIOLI, Crisanto. Sulla correlazione necessaria tra condana ed eseguibilità forzata. *Rivista Trimestrale di Diritto e Procedura Civile*, Milano, Giuffrè, 1976.

MARCHETTONI, Leonardo. Ockham e L'origine dei diritti soggettivvi. In: *Quaderni Fiorentini:* per la *storia* del pensiero giuridico moderno. Milano: Guiffrè, n. 37, p. 21-66, em especial, p. 64, jan. 2008.

MARINONI, Luiz Guilherme. *Tutela inibitória:* individual e coletiva. 2. ed. São Paulo: Revista dos Tribunais, 2000.

_____. O direito à efetividade da tutela jurisdicional na perspectiva da teoria dos direitos fundamentais. *Gênesis Revista Direito Processual Civil*, Curitiba: Gênesis, n. 28, 2003.

_____. *Técnica processual e tutela dos direitos*. São Paulo: Revista dos Tribunais, 2004.

_____. Da ação abstrata e uniforme à ação adequada à tutela de direitos. In: MACHADO, Fábio Cardoso; AMARAL, Guilherme Rizzo (Orgs.). *Polêmica sobre a ação:* a tutela jurisdicional na perspectiva das relações entre direito e processo. Porto Alegre: Livraria do Advogado, 2006.

_____. *Teoria geral do processo*. 4. ed. São Paulo: Revista dos Tribunais, 2010.

MARTINEZ, Luciano. O dano moral social no âmbito trabalhista. *Revista do Tribunal Regional do Trabalho da 14ª Região*, Porto Velho, v. 6, n. 2, p. 553-572, jul./dez. 2007.

MATTJE, Emerson Tyrone. *Expressões contemporâneas de trabalho escravo:* sua repercussão penal no Brasil. Santa Cruz: EDUNISC, 2006.

MAZZILLI, Hugo Nigro. *Introdução ao Ministério Público*. 5. ed. São Paulo: Saraiva, 2005.

_____. O princípio da obrigatoriedade e o Ministério Público. São Paulo: *Complexo Jurídico Damásio de Jesus*, São Paulo, jun. 2007. Disponível em: <www.damasio.com.br> Acesso em: 1º nov. 2012.

MEDEIROS NETO, Xisto Tiago de. *Dano moral coletivo*. 3. ed. São Paulo: LTr, 2012.

MELLO, Marcos Bernardes de. *Teoria do fato jurídico:* plano da existência. 8. ed. São Paulo: Saraiva, 1998.

MELO, Raimundo Simão de. *Ação civil pública na justiça do trabalho*. 4. ed. São Paulo: LTr, 2012.

MENDES, Gilmar Ferreira; BRANCO, Paulo Gustavo Gonet. *Curso de Direito Constitucional*. 6. ed. São Paulo: Saraiva, 2011.

MICHELLI, Gian Antonio. Sentenza di annullamento di un atto giuridicco e riscarcimento del danno patrimoniale derivante dalla lesione di interessi legittimi. *Rivista di Diritto Processuale*, Padova: CEDAM, v. 19, p. 396-434, giu./set. 1964.

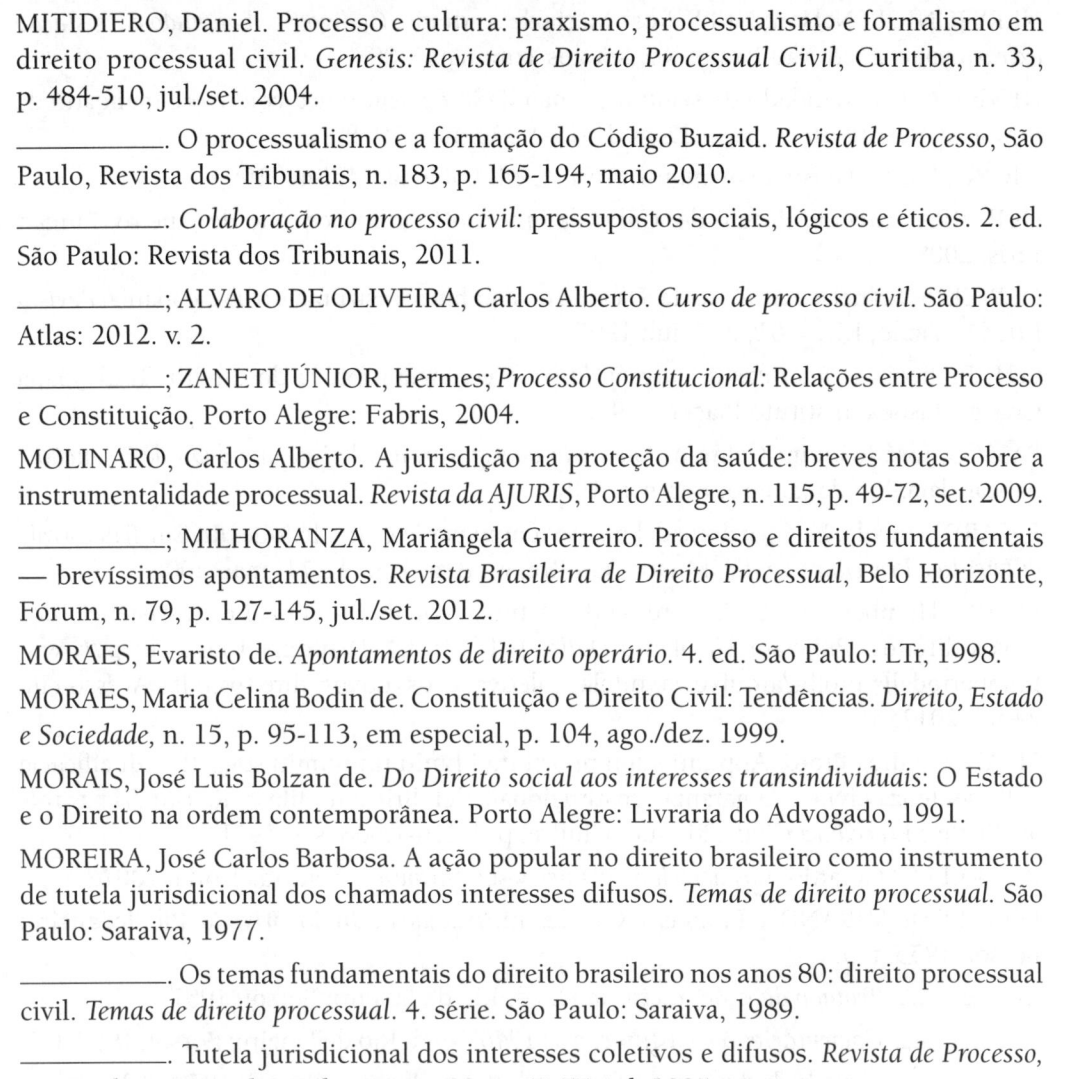

MILARÉ, Edis. *Ação civil pública na nova ordem constitucional*. São Paulo: Saraiva, 1990.

MITIDIERO, Daniel. Processo e cultura: praxismo, processualismo e formalismo em direito processual civil. *Genesis: Revista de Direito Processual Civil*, Curitiba, n. 33, p. 484-510, jul./set. 2004.

_____. O processualismo e a formação do Código Buzaid. *Revista de Processo*, São Paulo, Revista dos Tribunais, n. 183, p. 165-194, maio 2010.

_____. *Colaboração no processo civil*: pressupostos sociais, lógicos e éticos. 2. ed. São Paulo: Revista dos Tribunais, 2011.

_____; ALVARO DE OLIVEIRA, Carlos Alberto. *Curso de processo civil*. São Paulo: Atlas: 2012. v. 2.

_____; ZANETI JÚNIOR, Hermes; *Processo Constitucional:* Relações entre Processo e Constituição. Porto Alegre: Fabris, 2004.

MOLINARO, Carlos Alberto. A jurisdição na proteção da saúde: breves notas sobre a instrumentalidade processual. *Revista da AJURIS*, Porto Alegre, n. 115, p. 49-72, set. 2009.

_____; MILHORANZA, Mariângela Guerreiro. Processo e direitos fundamentais — brevíssimos apontamentos. *Revista Brasileira de Direito Processual*, Belo Horizonte, Fórum, n. 79, p. 127-145, jul./set. 2012.

MORAES, Evaristo de. *Apontamentos de direito operário*. 4. ed. São Paulo: LTr, 1998.

MORAES, Maria Celina Bodin de. Constituição e Direito Civil: Tendências. *Direito, Estado e Sociedade*, n. 15, p. 95-113, em especial, p. 104, ago./dez. 1999.

MORAIS, José Luis Bolzan de. *Do Direito social aos interesses transindividuais*: O Estado e o Direito na ordem contemporânea. Porto Alegre: Livraria do Advogado, 1991.

MOREIRA, José Carlos Barbosa. A ação popular no direito brasileiro como instrumento de tutela jurisdicional dos chamados interesses difusos. *Temas de direito processual*. São Paulo: Saraiva, 1977.

_____. Os temas fundamentais do direito brasileiro nos anos 80: direito processual civil. *Temas de direito processual*. 4. série. São Paulo: Saraiva, 1989.

_____. Tutela jurisdicional dos interesses coletivos e difusos. *Revista de Processo*, São Paulo: Revista dos Tribunais, n. 39, p. 55-77, jul. 1995.

_____. A sentença mandamental: Da Alemanha ao Brasil. *Revista de Processo*, São Paulo: Revista dos Tribunais, n. 97, p. 251-264, jan./mar. 2000.

NABAIS, José Casalta. *O dever fundamental de pagar impostos*. Coimbra: Livraria Almedina, 1998.

NAGAREDA, Richard A. *The Law of class actions and other aggregate litigation*. New York: Foudation Press, 2009.

NERY, Ana Luíza Barreto de Andrade Fernandes. O fenômeno jurídico de interesse transindividual. *Revista de Direito Privado*, v. 36, p. 33-49, out. 2008.

NERY, Rosa Maria de Andrade. *Indenização do dano ambiental*: responsabilidade civil e ação civil pública. Dissertação de mestrado. Pontifícia Universidade Católica de São Paulo, 1993.

_____. *Noções preliminares de direito civil*. São Paulo: Revista dos Tribunais, 2002.

NERY JUNIOR, Nelson; NERY, Rosa Maria de Andrade. *Código Civil anotado e legislação extravagante*. 2. ed. São Paulo: Revista dos Tribunais, 2003.

NEVES, Celso. Mandado de segurança, mandado de segurança coletivo e mandado de injunção. *Revista LTr*, v. 52, n.11, p. 1.315-1.320, nov. 1998.

NIGRO, Mario. *Guistizia amministrativa*. 4. ed. Bologna: Mulino, 1994.

OLIVEIRA, Eugênio Pacelli de. *Curso de Processo Penal*. 9. ed. Rio de Janeiro: Lumen Juris, 2008.

OLIVEIRA, Francisco Antônio de. Da ação civil pública: instrumento de cidadania. *Revista LTr*, São Paulo, LTr, v. 61, n. 7, jul. 1997.

OST, François. *A natureza à margem da lei*: a ecologia à prova do direito. Trad. Joana Chaves. Lisboa: Instituto Piaget, 1995.

PASSOS, José Joaquim Calmon. *Mandado de segurança coletivo, mandado de injunção e habeas data*. Rio de Janeiro: Forense, 1989.

PICARDI, Nicola. La vocazione del nostro tempo per la giurisdizione. *Rivista Trimestrale di Diritto e Procedura Civile*, Milano, Giuffrè, v. 58, n. 1, p. 41-71, mar. 2004.

PINHO, Humberto Dalla Bernardina de. A tutela coletiva no Brasil e a assistência dos novos direitos. *Professor Humberto Dalla*. [s.l.], [s.d.]. Disponível em: <http://www.humbertodalla.pro.br/arquivos/a_tutela_coletiva_e_os_novos_direitos.pdf> Acesso em: 24 jul. 2012.

PISANI, Andrea Proto. Appunti sui rapporti tra i limiti tra i limiti soggettivi di efficacia della sentenza civile e la garanzia costituzionale del diritto di difesa. *Rivista Trimestrale di Diritto e Procedura Civile*, Milano, Giuffrè, p. 1.216-1.308, set. 1971.

PISARELLO, Gerardo. *Los derechos sociales y sus garantías*. Madrid: Trotta, 2007.

PONTES DE MIRANDA, Francisco Cavalcanti. *Tratado de direito privado*. Rio de Janeiro: Borsoi, 1955. t. 5.

_____. *Tratado da ação rescisória*. 3. ed. Rio de Janeiro: Borsoi, 1957.

_____. *Comentários à Constituição de 1946*. 3. ed. Rio de Janeiro: Borsoi, 1960. t. 1.

_____. *Tratado de direito privado*. 3. ed. Rio de Janeiro: Borsoi, 1970. t. 2.

_____. *Tratado de direito privado*. 3. ed. Rio de Janeiro: Borsoi, 1972. t. 48.

_____. *Comentários Código de Processo Civil*. Rio de Janeiro: Forense, 1974.

_____. *Tratado de direito privado*. 4. ed. São Paulo: Revista dos Tribunais, 1974. t. 1.

_____. *Comentários ao Código de Processo Civil*. Rio de Janeiro: Forense, 2001. t. 1.

PUGLIATTI, Salvatore. Diritto pubblico e privato. In: *Enciclopedia del diritto*. Milano: Guiffrè, 1964. v. XII.

RAIZER, Ludwig. O futuro do Direito Privado. *Revista da Procuradoria Geral do Estado*, Porto Alegre: Instituto de Informática Jurídica, n. 25, p. 11-30, em especial, p. 21, 1979.

RAPISARDA, Cristina. Premesse allo studio della tutela civile preventiva. *Rivista di Diritto Processuale*, Padova, CEDAM, v. 35, 2. serie, p. 92-154, 1980.

RIBEIRO, Darci Guimarães. *La pretensión procesal y la tutela judicial efectiva:* hacia una Teoría Procesal del Derecho. Barcelona: Bosch, 2004.

ROCHA, Leonel Severo. Observações sobre autopoiese, normativismo e pluralismo jurídico. *Constituição, Sistemas Sociais e Hermenêutica:* Programa de Pós-graduação em Direito da UNISINOS: mestrado e doutorado. Porto Alegre: Livraria do Advogado, 2008.

ROMAGNOLI, Umberto. Il ruolo del sindacato nel processo del lavoro. *Rivista Trimestrale di Diritto Procedura Civile,* Milano, Giuffrè, v. 28, 2. Serie, p. 154-172, 1974.

ROMITA, Arion Sayão. Dano moral coletivo. *Revista do Tribunal Superior do Trabalho,* v. 73, n. 2, p. 79-87, abr./jun. 2007.

RUSSOMANO, Mozart Victor. *Princípios Gerais de Direito Sindical.* 2. ed. Rio de Janeiro: Forense, 2000.

SANTOS, Ronaldo Lima dos. Notas sobre a impossibilidade de depoimento pessoal de membro do Ministério Público nas ações coletivas. *Revista da Faculdade de Direito da Universidade Federal de Minas Gerais,* Belo Horizonte, n. 58, p. 291-310, jan./jun. 2011.

SARLET, Ingo Wolfgang. *A eficácia dos direitos fundamentais:* uma teoria geral dos direitos fundamentais na perspectiva constitucional. 10. ed. Porto Alegre: Livraria do Advogado, 2011.

_____. Direitos fundamentais e processo: o direito à proteção e promoção da saúde entre tutela individual e transindividual. *Revista de Processo,* São Paulo, Revista dos Tribunais, v. 199, p. 13-39, set. 2011.

_____; FENSTERSEIFER, Tiago. *Direito Constitucional Ambiental:* estudos sobre a Constituição, os direitos fundamentais e a proteção do ambiente. São Paulo: Revista dos Tribunais, 2011.

_____; FIGUEIREDO, Marina Filchtiner. Reserva do Possível, Mínimo Existencial e Direito à Saúde: algumas aproximações. *In: Direitos Fundamentais & Justiça,* ano 1, n. 1, out./dez. 2007.

_____; MARINONI, Luiz Guilherme; MITIDIERO, Daniel. *Curso de direito constitucional.* São Paulo: Revista dos Tribunais, 2012.

SAVIGNY, KIRCHMANN, ZITELMANN, KANTOROWICZ. *La ciência del Derecho.* Buenos Aires: Losada, 1949.

SAVIGNY, M. F. C. de. *Sistema de derecho romano actual.* 2. ed. Madrid: Centro Editorial de Góngora. [s.d.]. v. 1, p. 74.

SCIALOJA, Vittorio. *Procedura Civile Romana.* Roma: Anonima Romana Editoriale, 1936.

SFORZA, Widar Cesarini. Diritto soggettivo. *In: Enciclopedia del diritto.* Milano: Guiffrè, 1964. v. XII.

SILVA, Luis Renato Ferreira da. A função social do contrato no novo Código Civil e sua conexão com a solidariedade social. *In:* SARLET, Ingo Wolfgang (Org.). *O novo Código Civil e a Constituição.* Porto Alegre: Livraria do Advogado, 2003.

STURMER, Gilberto. *A liberdade sindical na Constituição da República Federativa do Brasil de 1988 e sua relação com a Convenção n. 87 da Organização Internacional do Trabalho.* Porto Alegre: Livraria do Advogado Editora, 2007.

_____. O Sistema Sindical Brasileiro da Constituição da República de 1988. *Revista de Processo do Trabalho e Sindicalismo*, n. 1, Porto Alegre, HS Editora, 2010.

TALAMINI, Eduardo. Concretização jurisdicional de direitos fundamentais a prestações positivas do Estado. In: *Instrumentos de coerção e outros temas de direito processual civil*: estudos em homenagem aos 25 anos de docência do Professor Dr. Araken de Assis. Rio de Janeiro: Forense, 2007.

TARELLO, Giovanni. *Storia della cultura giuridica moderna*. Bologna: Il Mulino, 1976.

TARUFFO, Michele. Senso comum, experiência e ciência no raciocínio do juiz. *Revista da pós-graduação da Faculdade de Direito da Universidade de São Paulo*, Porto Alegre, Síntese, v. 3, p. 75-102, 2001.

TEPEDINO, Gustavo. A tutela da personalidade no ordenamento civil-constitucional brasileiro. In: TEPEDINO, Gustavo (Org.). *Temas de direito civil*. 3. ed. Rio de Janeiro: Renovar, 2004.

TESHEINER, José Maria Rosa. O problema da classificação da sentença por seus efeitos. *Revista da Consultoria Geral do Estado*, Porto Alegre, n. 14, p. 41-80, 1976.

_____. Sentença mandamental (2). *Páginas de Direito*. Porto Alegre, 30 ago. 2000. Disponível em: <http://tex.pro.br/tex/listagem-de-artigos/278-artigos-ago-2000/6015--sentenca-mandamental-2> Acesso em: 17 jul. 2012

_____. Doutrina de Duguit a respeito do direito subjetivo. *Páginas de Direito*. Porto Alegre, 15 maio 2002. Disponível em: <http://www.tex.pro.br/tex/listagem-de-artigos/267--artigos-mai-2002/4705-doutrina-de-duguit-a-respeito-do-direito-subjetivo> Acesso em: 14 nov. 2012.

_____. Reflexões politicamente incorretas sobre direito e processo. *Revista da AJURIS*, Porto Alegre, n. 110, p.187-194, jun. 2008.

_____. Jurisdição e Direito Objetivo. *Justiça do Trabalho*, Porto Alegre, HS Editora, n. 325, p. 28-36, jan. 2011.

_____. Direitos difusos, coletivos *stricto sensu* e individuais homogêneos. In: TESHEINER, José Maria Rosa (Org.). *Processos Coletivos*. Porto Alegre: HS Editora, 2012.

_____. O Ministério Público não é nunca substituto processual (uma lição heterodoxa). *Páginas de Direito*. Porto Alegre, 26 abr. 2012. Disponível em: <http://www.tex.pro.br/tex/listagem-de-artigos/353-artigos-abr-2012/8468-o-ministerio-publico-nao--e-nunca-um-substituto-processual-uma-licao-heterodoxa> Acesso em: 14 nov. 2012.

_____. Revista eletrônica sobre os chamados "direitos difusos". *Processos Coletivos*, Porto Alegre, v. 3, n. 4, out./dez. 2012. Disponível em: <http://www.processoscoletivos.net/~pcoletiv/component/jcomments/feed/com_content/724> Acesso em: 24 out. 2012.

_____; MILHORANZA, Mariângela Guerreiro. *Temas de Direito e Processos Coletivos*. Porto Alegre: HS Editora, 2010.

_____; ROCHA, Raquel Heck Mariano da. Partes e legitimidade nas ações coletivas. *Revista de Processo*, São Paulo, Revista dos Tribunais, n. 180, fev. 2010.

TIMM, Luciano Benetti. Qual a maneira mais eficiente de prover direitos fundamentais: uma perspectiva de direito e economia? In: SARLET, Ingo Wolfgang; TIMM, Luciano

Benetti (Orgs.). *Direitos fundamentais:* orçamento e "reserva do possível. Porto Alegre: Livraria do Advogado, 2008.

TORRES, Artur Luis Pereira. Histórico. *In:* TESHEINER, José Maria Rosa (Org.). *Processos Coletivos.* Porto Alegre: HS Editora, 2012.

TROCKER, Nicolò. *Processo civile e costituzione — Problemi di diritto tedesco e italiano.* Milano: Giuffrè, 1974.

TUSHNET, Mark. *Weak Courts Strong Rights:* Judicial Review and Social Welfare Rights in Comparative Constitucional Law. New Jersey: Princenton University Press, 2008.

VIANNA, Luiz Werneck. *Liberalismo e Sindicato no Brasil.* 4. ed. Belo Horizonte: UFMG, 1999.

VIGORITI, Vicenzo. *Interessi collettivi e processo*: la legittimazione ad agire. Milão: Giuffrè, 1979.

VILLEY, Michel. *A formação do pensamento jurídico moderno.* Tradução Claudia Berliner. São Paulo: Martins Fontes, 2005.

VOCINO, Corrado. Sui cosiddetti interessi diffusi. *In: Studi in memoria di Salvatore Satta.* Padova: CEDAM. 1982. v. 2.

WATANABE, Kazuo [et al.]. *Código brasileiro de defesa do consumidor:* comentado pelos autores do anteprojeto. 6. ed. Rio de Janeiro: Forense Universitária, 1999.

WIEACKER, Franz. *História do direito privado moderno.* 2. ed. Lisboa: Fundação Calouste Gulbenkian, 1993.

WINDSCHEID, Bernard. *Diritto dele pandette.* Prima Traduzione Italiana. Volume Primo. Parte Prima. Torino: Unione Tipografico — Editrice Torinese, 1902.

ZAGREBELSKY, Gustavo. *Il diritto mite.* Torino: Einaudi, 1992.

_____. *El Derecho Dúctil:* ley, derechos, justicia. 7. ed. Madrid: Trotta, 2007.

ZANETI JÚNIOR, Hermes. *Direitos coletivos* lato sensu: a definição conceitual dos direitos difusos, dos direitos coletivos *stricto sensu* e dos direitos individuais homogêneos. Disponível em: <http://www.abdpc.org.br/abdpc/artigos/Hermes%20Zaneti%20Jr(2)%20--%20formatado.pdf> Acesso em: 14 nov. 12.

_____. *Mandado de segurança coletivo:* aspectos processuais controversos. Porto Alegre: Fabris, 2001.

ZAVASCKI, Teori Albino. Direitos fundamentais de terceira geração. *Revista da Faculdade de Direito da Universidade Federal do Rio Grande do Sul,* Porto Alegre, UFRGS, v. 15, p. 227-232, 1998.

_____. *Processo coletivo:* tutela de direitos coletivos e tutela coletiva de direitos. 4. ed. São Paulo: Revista dos Tribunais, 2009.

Produção Gráfica e Editoração Eletrônica: Peter Fritz Strotbek
Projeto de Capa: Fabio Giglio
Impressão: Paym Gráfica e Editora